T&P Books Publishing

PHRASEBOOK

— SWEDISH —

I0163381

THE MOST IMPORTANT PHRASES

This phrasebook contains the most important phrases and questions for basic communication Everything you need to survive overseas

By Andrey Taranov

T&P BOOKS

Phrasebook + 1500-word dictionary

English-Swedish phrasebook & concise dictionary

By Andrey Taranov

The collection of "Everything Will Be Okay" travel phrasebooks published by T&P Books is designed for people traveling abroad for tourism and business. The phrasebooks contain what matters most - the essentials for basic communication. This is an indispensable set of phrases to "survive" while abroad.

Another section of the book also provides a small dictionary with more than 1,500 useful words arranged alphabetically. The dictionary includes a lot of gastronomic terms and will be helpful when ordering food at a restaurant or buying groceries at the store.

T&P Books Publishing
www.tpbooks.com

ISBN: 978-1-78616-747-7

This book is also available in E-book formats.
Please visit www.tpbooks.com or the major online bookstores.

FOREWORD

The collection of "Everything Will Be Okay" travel phrasebooks published by T&P Books is designed for people traveling abroad for tourism and business. The phrasebooks contain what matters most - the essentials for basic communication. This is an indispensable set of phrases to "survive" while abroad.

This phrasebook will help you in most cases where you need to ask something, get directions, find out how much something costs, etc. It can also resolve difficult communication situations where gestures just won't help.

This book contains a lot of phrases that have been grouped according to the most relevant topics. A separate section of the book also provides a small dictionary with more than 1,500 important and useful words.

Take "Everything Will Be Okay" phrasebook with you on the road and you'll have an irreplaceable traveling companion who will help you find your way out of any situation and teach you to not fear speaking with foreigners.

TABLE OF CONTENTS

T&P Books Publishing

PRONUNCIATION

Letter	Swedish example	T&P phonetic alphabet	English example
Aa	bada	[ɑ], [ɑː]	bath, to pass
Bb	tabell	[b]	baby, book
Cc [1]	licens	[s]	city, boss
Cc [2]	container	[k]	clock, kiss
Dd	andra	[d]	day, doctor
Ee	efter	[e]	elm, medal
Ff	flera	[f]	face, food
Gg [3]	gömma	[j]	yes, New York
Gg [4]	truga	[g]	game, gold
Hh	handla	[h]	home, have
Ii	tillhöra	[iː], [ɪ]	tree, big
Jj	jaga	[j]	yes, New York
Kk [5]	keramisk	[ɕ]	sheep, shop
Kk [6]	frisk	[k]	clock, kiss
Ll	tal	[l]	lace, people
Mm	medalj	[m]	magic, milk
Nn	panik	[n]	name, normal
Oo	tolv	[ɔ]	bottle, doctor
Pp	plommon	[p]	pencil, private
Qq	squash	[k]	clock, kiss
Rr	spelregler	[r]	rice, radio
Ss	spara	[s]	city, boss
Tt	tillhöra	[t]	tourist, trip
Uu	ungefär	[u], [ʉː]	soup, menu
Vv	overall	[v]	very, river
Ww [7]	kiwi	[w]	vase, winter
Xx	sax	[ks]	box, taxi
Yy	manikyr	[y], [yː]	fuel, tuna
Zz	zoolog	[s]	city, boss
Åå	sångare	[ə]	driver, teacher
Ää	tandläkare	[æ]	chess, man
Öö	kompositör	[ø]	eternal, church

Letter	Swedish example	T&P phonetic alphabet	English example

Combinations of letters

Letter	Swedish example	T&P phonetic alphabet	English example
Ss [8]	sjösjuka	[ʃ]	machine, shark
sk [9]	skicka	[ʃ]	machine, shark
s [10]	först	[ʃ]	machine, shark
J j [11]	djärv	[j]	yes, New York
Lj [12]	ljus	[j]	yes, New York
kj, tj	kjol	[ɕ]	sheep, shop
ng	omkring	[ŋ]	English, ring

Comments

[*] kj pronouns as

[**] combination **ng** transfers a nasal sound

[1] before **e, i, y**

[2] elsewhere

[3] before **e, i, ä, ö**

[4] elsewhere

[5] before **e, i, ä, ö**

[6] elsewhere

[7] in loanwords

[8] in **sj, skj, stj**

[9] before stressed **e, i, y, ä, ö**

[10] in the combination **rs**

[11] in **dj, hj, gj, kj**

[12] at the beginning of words

LIST OF ABBREVIATIONS

English abbreviations

ab.	-	about
adj	-	adjective
adv	-	adverb
anim.	-	animate
as adj	-	attributive noun used as adjective
e.g.	-	for example
etc.	-	et cetera
fam.	-	familiar
fem.	-	feminine
form.	-	formal
inanim.	-	inanimate
masc.	-	masculine
math	-	mathematics
mil.	-	military
n	-	noun
pl	-	plural
pron.	-	pronoun
sb	-	somebody
sing.	-	singular
sth	-	something
v aux	-	auxiliary verb
vi	-	intransitive verb
vi, vt	-	intransitive, transitive verb
vt	-	transitive verb

Swedish abbreviations

pl	-	plural

Swedish articles

den	-	common gender
det	-	neuter
en	-	common gender
ett	-	neuter

SWEDISH PHRASEBOOK

This section contains
important phrases that may
come in handy in various
real-life situations.
The phrasebook will help
you ask for directions, clarify
a price, buy tickets, and
order food at a restaurant

T&P Books Publishing

PHRASEBOOK CONTENTS

T&P Books Publishing

Excuse me, ...	**Ursäkta mig, ...** [ʉːˈsɛkta mɛj, ...]
Hello.	**Hej** [hɛj]
Thank you.	**Tack** [tak]
Good bye.	**Hej då** [hɛj doː]
Yes.	**Ja** [ja]
No.	**Nej** [nɛj]
I don't know.	**Jag vet inte.** [ja vet ˈintə]
Where? | Where to? | When?	**Var? | Vart? | När?** [var? | vaːʈ? | nɛr?]
I need ...	**Jag behöver ...** [ja beˈhøvər ...]
I want ...	**Jag vill ...** [ja vilʲ ...]
Do you have ...?	**Har du ...?** [har dʉː ...?]
Is there a ... here?	**Finns det ... här?** [fins dɛ ... hæːr?]
May I ...?	**Får jag ... ?** [for jaː ...?]
..., please (polite request)	**..., tack** [..., tak]
I'm looking for ...	**Jag letar efter ...** [ja ˈlʲetar ˈɛftər ...]
restroom	**en toalett** [en tuaˈlʲet]
ATM	**en uttagsautomat** [en ʉːˈtaːgs autoˈmat]
pharmacy (drugstore)	**ett apotek** [et apʉˈtek]
hospital	**ett sjukhus** [et ˈɧʉːkhʉs]
police station	**en polisstation** [en poˈlis staˈɧuːn]
subway	**tunnelbanan** [ˈtʉnəlʲ ˈbaːnan]

taxi	**en taxi** [en 'taksi]
train station	**en tågstation** [en 'to:g sta'ʃuːn]

My name is ...	**Jag heter ...** [ja 'hetər ...]
What's your name?	**Vad heter du?** [vad 'hetər dʉ:?]
Could you please help me?	**Skulle du kunna hjälpa mig?** ['skʉlˡe dʉ: 'kuna 'jɛlˡpa mɛj?]
I've got a problem.	**Jag har ett problem.** [ja har et prɔ'blˡem]
I don't feel well.	**Jag mår inte bra.** [ja mor 'intə bra:]
Call an ambulance!	**Ring efter en ambulans!** ['riŋ 'ɛftər en ambʉ'lˡans!]
May I make a call?	**Får jag ringa ett samtal?** [for ja 'riŋa et 'sa:mtalˡ?]

I'm sorry.	**Jag är ledsen.** [ja ær 'lˡesən]
You're welcome.	**Ingen orsak.** ['iŋen 'uːʂak]

I, me	**Jag, mig** [ja, mɛj]
you (inform.)	**du** [dʉ]
he	**han** [han]
she	**hon** [hon]
they (masc.)	**de:** [de:]
they (fem.)	**de:** [de:]
we	**vi** [vi:]
you (pl)	**ni** [ni]
you (sg, form.)	**du, Ni** [dʉ:, ni:]

ENTRANCE	**INGÅNG** ['iŋoːŋ]
EXIT	**UTGÅNG** ['ʉtgoːŋ]
OUT OF ORDER	**UR FUNKTION** [ʉːr fʉnk'ʃuːn]
CLOSED	**STÄNGT** ['stɛŋt]

OPEN	**ÖPPET**
	['øpet]
FOR WOMEN	**FÖR KVINNOR**
	[før 'kvinor]
FOR MEN	**FÖR MÄN**
	[før mɛn]

Questions

Where?	**Var?** [var?]
Where to?	**Vart?** [vaːʈ?]
Where from?	**Varifrån?** ['varifron?]
Why?	**Varför?** ['vaːføːr?]
For what reason?	**Av vilken anledning?** [aːv 'vilʲkən an'lʲednin?]
When?	**När?** [nɛr?]

How long?	**Hur länge?** [hʉː 'lʲɛŋə?]
At what time?	**Vilken tid?** ['vilʲkən tid?]
How much?	**Hur länge?** [hʉː 'lʲɛŋə?]
Do you have ...?	**Har du ...?** [har dʉː ...?]
Where is ...?	**Var finns ...?** [var fins ...?]

What time is it?	**Vad är klockan?** [vad ær 'klʲokan?]
May I make a call?	**Får jag ringa ett samtal?** [for ja 'riŋa et 'saːmtalʲ?]
Who's there?	**Vem är det?** [vem ær dɛ?]
Can I smoke here?	**Får jag röka här?** [for ja 'røka hæːr?]
May I ...?	**Får jag ...?** [for jaː ...?]

Needs

I'd like ...
Jag skulle vilja ...
[ja 'skɵlʲe 'vilja ...]

I don't want ...
Jag vill inte ...
[ja vilʲ 'intə ...]

I'm thirsty.
Jag är törstig.
[ja ær 'tøːʂtig]

I want to sleep.
Jag vill sova.
[ja vilʲ 'soːva]

I want ...
Jag vill ...
[ja vilʲ ...]

to wash up
tvätta mig
['tvɛta mɛj]

to brush my teeth
borsta tänderna
['boːʂta 'tɛndeɳa]

to rest a while
vila en stund
['vilʲa en stund]

to change my clothes
att byta kläder
[at 'byta 'klʲɛːdər]

to go back to the hotel
gå tillbaka till hotellet
['go tilʲ'baka tilʲ ho'telʲet]

to buy ...
köpa ...
['ɕøpa ...]

to go to ...
ta mig till ...
[ta mɛj tilʲ ...]

to visit ...
besöka ...
[be'søka ...]

to meet with ...
träffa ...
['trɛfa ...]

to make a call
ringa ett samtal
['riŋa et 'samtalʲ]

I'm tired.
Jag är trött.
[ja ær trøt]

We are tired.
Vi är trötta.
[viː ær 'trøta]

I'm cold.
Jag fryser.
[ja 'frysər]

I'm hot.
Jag är varm.
[ja ær varm]

I'm OK.
Jag är okej.
[ja ær ɔ'kej]

I need to make a call.	**Jag behöver ringa ett samtal.** [ja be'høvər 'riŋa et 'samtalʲ]
I need to go to the restroom.	**Jag behöver gå på toaletten.** [ja be'høvər go pɔ tua'lʲetən]
I have to go.	**Jag måste ge mig av.** [ja 'mostə je mɛj av]
I have to go now.	**Jag måste ge mig av nu.** [ja 'mostə je mɛj av nʉ:]

Asking for directions

Excuse me, ...	**Ursäkta mig, ...** [ɵ'ʂɛkta mɛj, ...]
Where is ...?	**Var finns ...?** [var fins ...?]
Which way is ...?	**Åt vilket håll ligger ...?** [ot 'vilʲket holʲ 'ligər ...?]
Could you help me, please?	**Skulle du kunna hjälpa mig?** ['skɵlʲe dɵ: 'kuna 'jɛlʲpa mɛj?]
I'm looking for ...	**Jag letar efter ...** [ja 'lʲetar 'ɛftər ...]
I'm looking for the exit.	**Jag letar efter utgången.** [ja 'lʲetar 'ɛftər 'ɵtgo:ŋən]
I'm going to ...	**Jag ska till ...** [ja ska tilʲ ...]
Am I going the right way to ...?	**Är jag på rätt väg till ...?** [ɛr ja pɔ rɛt vɛg tilʲ ...?]
Is it far?	**Är det långt?** [ɛr dɛ 'lʲo:ŋt?]
Can I get there on foot?	**Kan jag ta mig dit till fots?** [kan ja ta mɛj dit tilʲ 'fots?]
Can you show me on the map?	**Kan du visa mig på kartan?** [kan dɵ: 'vi:sa mɛj pɔ 'ka:ʈan?]
Show me where we are right now.	**Kan du visa mig var vi är nu.** [kan dɵ: 'vi:sa mɛj var vi ær nɵ:]
Here	**Här** [hæ:r]
There	**Där** [dɛr]
This way	**Den här vägen** [den hæ:r 'vɛgən]
Turn right.	**Sväng höger.** ['svɛŋ 'høgər]
Turn left.	**Sväng vänster.** ['svɛŋ 'vɛnstər]
first (second, third) turn	**första (andra, tredje) sväng** ['fø:ʂta ('andra, 'tre:dje) svɛŋ]
to the right	**till höger** [tilʲ 'høgər]

to the left

till vänster
[til 'vɛnstər]

Go straight ahead.

Gå rakt fram.
['go rakt fram]

Signs

WELCOME!	**VÄLKOMMEN!** ['vɛlʲkomən!]
ENTRANCE	**INGÅNG** ['iŋo:ŋ]
EXIT	**UTGÅNG** ['ʉtgo:ŋ]
PUSH	**TRYCK** [trʏk]
PULL	**DRA** [dra:]
OPEN	**ÖPPET** ['øpet]
CLOSED	**STÄNGT** ['stɛŋt]
FOR WOMEN	**FÖR KVINNOR** [før 'kvinor]
FOR MEN	**FÖR MÄN** [før mɛn]
GENTLEMEN, GENTS (m)	**HERRAR** ['hɛrrar]
WOMEN (f)	**DAMER** ['damər]
DISCOUNTS	**RABATT** [ra'bat]
SALE	**REA** ['rea]
FREE	**GRATIS** ['gratis]
NEW!	**NYHET!** ['nyhet!]
ATTENTION!	**VARNING!** ['varniŋ!]
NO VACANCIES	**FULLBOKAT** [fʉlʲ'bokat]
RESERVED	**RESERVERAT** [resɛr'verat]
ADMINISTRATION	**DIREKTÖR** [direk'tør]
STAFF ONLY	**ENDAST PERSONAL** ['ɛndast pɛ:ʂo'nalʲ]

BEWARE OF THE DOG! **VARNING FÖR HUNDEN!**
['varniŋ før 'hʉndən!]

NO SMOKING! **RÖKNING FÖRBJUDET!**
['røkniŋ før'bjʉ:det!]

DO NOT TOUCH! **RÖR EJ!**
[rør ɛj!]

DANGEROUS **FARLIGT**
['fa:ligt]

DANGER **FARA**
['fa:ra]

HIGH VOLTAGE **HÖGSPÄNNING**
['høgspɛniŋ]

NO SWIMMING! **BAD FÖRBJUDET!**
[bad før'bjʉ:det!]

OUT OF ORDER **UR FUNKTION**
[ʉ:r fʉnk'ʃu:n]

FLAMMABLE **BRANDFARLIGT**
['brand 'fa:ligt]

FORBIDDEN **FÖRBJUDET**
[før'bjʉ:det]

NO TRESPASSING! **TILLTRÄDE FÖRBJUDET!**
[tilˈtrɛdə før'bjʉ:det!]

WET PAINT **NYMÅLAT**
['nymolˈat]

CLOSED FOR RENOVATIONS **STÄNGT FÖR RENOVERING**
['stɛŋt før reno'veriŋ]

WORKS AHEAD **VÄGARBETE**
['vɛ:g ar'betə]

DETOUR **OMLEDNINGSVÄG**
[ɔ:m'lˈedniŋs vɛg]

Transportation. General phrases

plane	**plan**
	[pl'an]
train	**tåg**
	[to:g]
bus	**buss**
	[bus]
ferry	**färja**
	['fæ:rja]
taxi	**taxi**
	['taksi]
car	**bil**
	[bilʲ]

schedule	**tidtabell**
	['tid ta'bɛlʲ]
Where can I see the schedule?	**Var kan jag se tidtabellen?**
	[var kan ja se tid:ta'bɛlʲen?]
workdays (weekdays)	**vardagar**
	[va:r'da:gar]
weekends	**helger**
	['heljer]
holidays	**helgdagar**
	['heljʲda:gar]

DEPARTURE	**AVGÅNGAR**
	['avgo:ŋar]
ARRIVAL	**ANKOMSTER**
	['ankomstər]
DELAYED	**FÖRSENAD**
	[fø:'ʂenad]
CANCELLED	**INSTÄLLD**
	['instɛlʲd]

next (train, etc.)	**nästa**
	['nɛsta]
first	**första**
	['fø:ʂta]
last	**sista**
	['sista]

When is the next ...?	**När går nästa ...?**
	[nɛr go:r 'nɛsta ...?]
When is the first ...?	**När går första ...?**
	[nɛr go:r 'fø:ʂta ...?]

When is the last ...?

När går sista ...?
[nɛr goːr 'sista ...?]

transfer (change of trains, etc.)

byte
['byte]

to make a transfer

att göra ett byte
[at 'jøra et 'byte]

Do I need to make a transfer?

Behöver jag byta?
[be'høver ja 'byta?]

Buying tickets

Where can I buy tickets?
Var kan jag köpa biljetter?
[var kan ja 'ɕøpa bi'lʲetər?]

ticket
biljett
[bi'lʲet]

to buy a ticket
att köpa en biljett
[at 'ɕøpa en bi'lʲet]

ticket price
biljettpris
[bi'lʲet pris]

Where to?
Vart?
[vaːʈ?]

To what station?
Till vilken station?
[tilʲ 'vilʲkən sta'ʄuːn?]

I need ...
Jag behöver ...
[ja be'høvər ...]

one ticket
en biljett
[en bi'lʲet]

two tickets
två biljetter
[tvoː bi'lʲetər]

three tickets
tre biljetter
[tre bi'lʲetər]

one-way
enkel
['ɛnkəlʲ]

round-trip
tur och retur
['tuːr ɔ re'tuːr]

first class
första klass
['føːʂta klʲas]

second class
andra klass
['andra klʲas]

today
idag
[idaːg]

tomorrow
imorgon
[i'mɔrgɔn]

the day after tomorrow
i övermorgon
[i 'øːvəˌmɔrgɔn]

in the morning
på morgonen
[pɔ 'mɔrgɔnən]

in the afternoon
på eftermiddagen
[pɔ 'ɛftə mid'dagən]

in the evening
på kvällen
[pɔ 'kvɛlʲen]

aisle seat	**gångplats** [goːŋ plʲats]
window seat	**fönsterplats** [ˈfønstə plʲats]
How much?	**Hur mycket?** [hʉː ˈmʏke?]
Can I pay by credit card?	**Kan jag betala med kreditkort?** [kan ja beˈtalʲa me kreˈdit koːʈ?]

Bus

bus	**buss** [bus]
intercity bus	**långfärdsbuss** ['lɔŋfɛrdsˌbus]
bus stop	**busshållplats** ['bus 'hɔlˌplʲats]
Where's the nearest bus stop?	**Var finns närmsta busshållplats?** [var fins 'nɛrmsta 'bus 'hɔlʲplʲats?]
number (bus ~, etc.)	**nummer** ['numər]
Which bus do I take to get to …?	**Vilken buss kan jag ta till …?** ['vilʲkən bus kan ja ta tilʲ …?]
Does this bus go to …?	**Går den här bussen till …?** [gɔːr den hæːr 'busen tilʲ …?]
How frequent are the buses?	**Hur ofta går bussarna?** [hʉː 'ofta gɔːr 'busarna?]
every 15 minutes	**var femtonde minut** [var 'femtondə mi'nʉːt]
every half hour	**varje halvtimme** ['varje 'halʲvˌtimə]
every hour	**en gång i timmen** [en gɔːŋ i 'timən]
several times a day	**flera gånger om dagen** ['flʲera 'gɔːŋər om 'dagən]
… times a day	**… gånger om dagen** [… 'gɔːŋər om 'dagən]
schedule	**tidtabell** ['tid taˈbɛlʲ]
Where can I see the schedule?	**Var kan jag se tidtabellen?** [var kan ja se tid taˈbɛlʲen?]
When is the next bus?	**När går nästa buss?** [nɛr gɔːr 'nɛsta bus?]
When is the first bus?	**När går första bussen?** [nɛr gɔːr 'føːʂta 'busən?]
When is the last bus?	**När går sista bussen?** [nɛr gɔːr 'sista 'busən?]
stop	**hållplats** ['hɔlʲˌplʲats]
next stop	**nästa hållplats** ['nɛsta 'hɔlʲplʲats]

last stop (terminus)   **sista hållplatsen**
                                        ['sista 'holˈplˈatsən]

Stop here, please.   **Vill du vara snäll och stanna här, tack.**
                                        [vilˈ dʉː 'vaːra snɛlˈ o 'stana hæːr, tak]

Excuse me, this is my stop.   **Ursäkta mig, detta är min hållplats.**
                                        [ʉː'ʂɛkta mɛj, 'deta ær min 'holˈplˈats]

Train

train	**tåg** [toːg]
suburban train	**lokaltåg** [lʲoˈkalʲ toːg]
long-distance train	**fjärrtåg** ['fʲærˌtoːg]
train station	**tågstation** ['toːg staˈɧuːn]
Excuse me, where is the exit to the platform?	**Ursäkta mig, var är utgången till perrongen?** [ʉˈʂɛkta mɛj, var ær 'ʉtgoːŋən tilʲ peˈroŋən?]
Does this train go to ...?	**Går det här tåget till ...?** [goːr dɛ hæːr 'toːget tilʲ ...?]
next train	**nästa tåg** ['nɛsta toːg]
When is the next train?	**När går nästa tåg?** [nɛr goːr 'nɛsta toːg?]
Where can I see the schedule?	**Var kan jag se tidtabellen?** [var kan ja se tid tabɛlʲen?]
From which platform?	**Från vilken perrong?** [fron 'vilʲkən peˈroŋ?]
When does the train arrive in ...?	**När ankommer tåget till ...?** [nɛr 'ankomer 'toːget tilʲ ...?]
Please help me.	**Snälla hjälp mig.** ['snɛlʲa jɛlʲp mɛj]
I'm looking for my seat.	**Jag letar efter min plats.** [ja 'lʲetar 'ɛftər min plʲats]
We're looking for our seats.	**Vi letar efter våra platser.** [vi 'lʲetar 'ɛftə 'voːra 'plʲatsər]
My seat is taken.	**Min plats är upptagen.** [min plʲats ær up'taːgen]
Our seats are taken.	**Våra platser är upptagna.** ['voːra 'plʲatsər ær up'tagna]
I'm sorry but this is my seat.	**Jag är ledsen, men det här är min plats.** [ja ær 'lʲesən, men dɛ hæːr ær min plʲats]

Is this seat taken?   **Är den här platsen upptagen?**
                                        [ɛr den hæːr 'pl/atsən up'taːgən?]

May I sit here?   **Kan jag sitta här?**
                                        [kan ja 'sita hæːr?]

On the train. Dialogue (No ticket)

Ticket, please.

Biljetten, tack.
[bi'lletən, tak]

I don't have a ticket.

Jag har ingen biljett.
[ja har 'iŋen bi'llet]

I lost my ticket.

Jag har förlorat min biljett.
[ja har fø:ʟorat min bi'llet]

I forgot my ticket at home.

Jag har glömt min biljett hemma.
[ja har 'gllømt min bi'llet 'hɛma]

You can buy a ticket from me.

Du kan köpa biljett av mig.
[dʉ: kan 'çøpa bi'llet av mɛj]

You will also have to pay a fine.

Du kommer också behöva betala böter.
[dʉ: 'komər 'ukso be'høva be'talla 'bøtər]

Okay.

Okej.
[ɔ'kej]

Where are you going?

Vart ska du?
[va:ʈ ska: dʉ:?]

I'm going to ...

Jag ska till ...
[ja ska tilⁱ ...]

How much? I don't understand.

Hur mycket? Jag förstår inte.
[hʉ: 'mʏke? ja fø:'ʂto:r 'intə]

Write it down, please.

Vill du skriva det.
[vilⁱ dʉ: 'skri:va dɛ]

Okay. Can I pay with a credit card?

Bra. Kan jag betala med kreditkort?
[bra:. kan ja be'talla me kre'dit ko:ʈ?]

Yes, you can.

Ja, det kan du.
[ja, dɛ kan dʉ]

Here's your receipt.

Här är ert kvitto.
[hæ:r ær e:ʈ 'kvito]

Sorry about the fine.

Jag beklagar bötesavgiften.
[ja be'kllagar bøtesav 'jiftən]

That's okay. It was my fault.

Det är okej. Det var mitt fel.
[de: ær ɔ'kej. dɛ var mit felⁱ]

Enjoy your trip.

Ha en trevlig resa.
[ha en 'trɛvlig 'resa]

Taxi

taxi	**taxi** ['taksi]
taxi driver	**taxichaufför** ['taksi ʂoˈføːr]
to catch a taxi	**att ta en taxi** [at ta en 'taksi]
taxi stand	**taxistation** ['taksi staˈɧuːn]
Where can I get a taxi?	**Var kan jag få tag på en taxi?** [var kan ja fo tag pɔ en 'taksi?]
to call a taxi	**att ringa en taxi** [at 'riŋa en 'taksi]
I need a taxi.	**Jag behöver en taxi.** [ja beˈhøvər en 'taksi]
Right now.	**Omedelbart.** [uˈmedelˈbaːt]
What is your address (location)?	**Vad har du för adress?** [vad har dʉ: før aˈdrɛs?]
My address is ...	**Min adress är ...** [min aˈdrɛs ær ...]
Your destination?	**Vart ska du åka?** [vaːt ska: dʉ: oka?]
Excuse me, ...	**Ursäkta mig, ...** [ʉːˈʂɛkta mɛj, ...]
Are you available?	**Är du ledig?** [ɛr dʉ: 'lʲeːdig?]
How much is it to get to ...?	**Vad kostar det att åka till ...?** [vad 'kostar dɛ at 'oːka tilʲ ...?]
Do you know where it is?	**Vet du var det ligger?** [vet dʉ: var dɛ 'ligər?]
Airport, please.	**Till flygplatsen, tack.** [tilʲ 'flʲyg 'plʲatsən, tak]
Stop here, please.	**Kan du stanna här, tack.** [kan dʉ: 'stana hæːr, tak]
It's not here.	**Det är inte här.** [de: ær 'intə hɛr]
This is the wrong address.	**Det här är fel adress.** [de: hæːr ær felʲ aˈdrɛs]
Turn left.	**Sväng vänster.** ['svɛŋ 'vɛnstər]

Turn right.

Sväng höger.
['svɛŋ 'høgər]

How much do I owe you?

Hur mycket är jag skyldig?
[hʉ: 'mʏke ær ja 'ŋʏlʲdig?]

I'd like a receipt, please.

Jag skulle vilja ha ett kvitto, tack.
[ja 'skʉlʲe 'vilja ha et 'kvito, tak]

Keep the change.

Behåll växeln.
[be'holʲ 'vɛkselʲn]

Would you please wait for me?

Vill du vara vänlig och vänta på mig?
[vilʲ dʉ: 'va:ra 'vɛnlig o vɛnta pɔ mɛj?]

five minutes

fem minuter
[fem mi'nʉ:tər]

ten minutes

tio minuter
['ti:o mi'nʉ:tər]

fifteen minutes

femton minuter
['femtɔn mi'nʉ:tər]

twenty minutes

tjugo minuter
['ɕʉ:go mi'nʉ:ter]

half an hour

en halvtimme
[en 'halʲv'time]

Hotel

Hello. | **Hej**
[hɛj]

My name is ... | **Jag heter ...**
[ja 'hetər ...]

I have a reservation. | **Jag har bokat.**
[ja har 'bokat]

I need ... | **Jag behöver ...**
[ja be'høvər ...]

a single room | **ett enkelrum**
[et 'ɛnkəlʲ ruːm]

a double room | **ett dubbelrum**
[et 'dubəlʲ ruːm]

How much is that? | **Hur mycket kostar det?**
[hʉː 'mʏke 'kostar dɛ?]

That's a bit expensive. | **Det är lite dyrt.**
[deː ær 'lʲitə dyːt]

Do you have anything else? | **Har du några andra alternativ?**
[har dʉ: 'nogra 'andra alʲterna'tiv?]

I'll take it. | **Jag tar det.**
[ja tar dɛ]

I'll pay in cash. | **Jag betalar kontant.**
[ja be'talʲar kon'tant]

I've got a problem. | **Jag har ett problem.**
[ja har et prɔ'blʲem]

My ... is broken. | **... är trasig.**
[... ær 'trasig]

My ... is out of order. | **... fungerar inte.**
[... fʉ'ŋerar 'intə]

TV | **min TV**
[min 'teve]

air conditioner | **min luftkonditionering**
[min 'lʲʉft kondiɲu'nɛriŋ]

tap | **min kran**
[min kran]

shower | **min dusch**
[min dʉʂ]

sink | **mitt handfat**
[mit 'handfaːt]

safe | **mitt kassaskåp**
[mit 'kasaˌskoːp]

door lock	**mitt dörrlås** [mit 'dørlᵢos]
electrical outlet	**mitt eluttag** [mit ɛlⁱ'ʉ:tag]
hairdryer	**min hårtork** [min 'ho:ʈork]

I don't have ...	**Jag har ...** [ja har ...]
water	**inget vatten** ['iŋet 'vatən]
light	**inget ljus** ['iŋet jʉ:s]
electricity	**ingen elektricitet** [iŋen ɛlⁱektrisi'tet]

Can you give me ...?	**Skulle du kunna ge mig ...?** ['skʉlⁱe dʉ: 'kuna je mɛj ...?]
a towel	**en handduk** [en 'haŋdʉ:k]
a blanket	**en filt** [en filⁱt]
slippers	**tofflor** ['toflⁱor]
a robe	**en badrock** [en 'badrok]
shampoo	**schampo** ['ʂampo]
soap	**tvål** [tvo:lⁱ]

I'd like to change rooms.	**Jag skulle vilja byta rum.** [ja 'skʉlⁱe 'vilja 'by:ta rʉ:m]
I can't find my key.	**Jag hittar inte min nyckel.** [ja 'hitar 'inte min 'nʏkəlⁱ]
Could you open my room, please?	**Skulle du kunna öppna mitt rum, tack?** ['skʉlⁱe dʉ: 'kuna 'øpna mit rum, tak?]

Who's there?	**Vem är det?** [vem ær dɛ?]
Come in!	**Kom in!** [kom 'in!]
Just a minute!	**Ett ögonblick!** [et 'ø:gɔnblik!]

Not right now, please.	**Inte just nu, tack.** ['inte jʉst nʉ:, tak]
Come to my room, please.	**Kom till mitt rum, tack.** [kom tilⁱ mit rʉ:m, tak]

I'd like to order food service.	**Jag skulle vilja beställa mat via rumsservice.** [ja 'skɵlʲe 'vilja be'stɛlʲa mat via 'ruːmsøːvis]
My room number is …	**Mitt rumsnummer är …** [mit 'ruːmsˈnɵmer ær …]
I'm leaving …	**Jag reser …** [ja 'reːsər …]
We're leaving …	**Vi reser …** [viː 'reːsər …]
right now	**just nu** ['jɵst nɵː]
this afternoon	**i eftermiddag** [i 'ɛftə midˈdaːg]
tonight	**ikväll** [iːkvɛlʲ]
tomorrow	**imorgon** [iˈmɔrgɔn]
tomorrow morning	**imorgon på morgonen** [iˈmɔrgɔn pɔ 'mɔrgɔnən]
tomorrow evening	**imorgon på kvällen** [iˈmɔrgɔn pɔ 'kvɛlʲen]
the day after tomorrow	**i övermorgon** [i 'øːvəˌmɔrgɔn]

I'd like to pay.	**Jag skulle vilja betala.** [ja 'skɵlʲe 'vilja be'taːlʲa]
Everything was wonderful.	**Allt var fantastiskt.** [alʲt var fanˈtastiskt]
Where can I get a taxi?	**Var kan jag få tag på en taxi?** [var kan ja fo tag pɔ en 'taksi?]
Would you call a taxi for me, please?	**Skulle du vilja vara snäll och ringa en taxi åt mig?** ['skɵlʲe dɵː vilja 'vaːra snɛlʲ o 'riŋa en 'taksi ot mɛj?]

Restaurant

Can I look at the menu, please?	**Kan jag få se menyn, tack?** [kan ja fo se me'nyn, tak?]
Table for one.	**Ett bord för en.** [et bo:d før en]
There are two (three, four) of us.	**Vi är två (tre, fyra) personer.** [vi: ær tvo: (tre, 'fy:ra) pɛ:'ʂu:nər]
Smoking	**Rökare** ['røkarə]
No smoking	**Icke rökare** ['ike røkarə]
Excuse me! (addressing a waiter)	**Ursäkta!** [ʉ:'ʂɛkta!]
menu	**meny** [me'ny:]
wine list	**vinlista** ['vi:nlista]
The menu, please.	**Menyn, tack.** [me'nyn, tak]
Are you ready to order?	**Är ni redo att beställa?** [ɛr ni 'redo at be'stɛlʲa?]
What will you have?	**Vad önskar du?** [vad 'ønskar dʉ:?]
I'll have …	**Jag tar …** [ja tar …]
I'm a vegetarian.	**Jag är vegetarian.** [ja ær vegetari'a:n]
meat	**kött** [çø:t]
fish	**fisk** ['fisk]
vegetables	**grönsaker** ['grøn'sakər]
Do you have vegetarian dishes?	**Har ni vegetariska rätter?** [har ni vege'ta:riska 'rɛtər?]
I don't eat pork.	**Jag äter inte kött.** [ja 'ɛ:ter 'intə çøt]
He /she/ doesn't eat meat.	**Han /hon/ äter inte kött.** [han /hon/ 'ɛ:tər 'intə çøt]
I am allergic to …	**Jag är allergisk mot …** [ja ær a'lʲɛrgisk mut …]

Would you please bring me …	**Skulle du kunna ge mig …** ['skʉlʲe dʉː 'kuna je mɛj …]
salt | pepper | sugar	**salt I peppar I socker** [salʲt | 'pepar | 'sokər]
coffee | tea | dessert	**kaffe I te I dessert** ['kafə | te | de'sɛːr]
water | sparkling | plain	**vatten I kolsyrat I icke kolsyrat** ['vaten | 'kɔlʲ'syːrat | 'ike 'kɔlʲ'syːrat]
a spoon | fork | knife	**en sked I gaffel I kniv** [en ʃed | 'gafəlʲ | kniːv]
a plate | napkin	**en tallrik I servett** [en 'talʲrik | ser'vet]

Enjoy your meal!	**Smaklig måltid!** ['smaklig 'molʲtid!]
One more, please.	**En /Ett/ … till tack.** [en /et/ … tilʲ tak]
It was very delicious.	**Det var utsökt.** [dɛ var 'ʉtsøkt]

check | change | tip	**nota I växel I dricks** ['noːta | 'vɛksəlʲ | driks]
Check, please. (Could I have the check, please?)	**Notan, tack.** ['noːtan, tak]
Can I pay by credit card?	**Kan jag betala med kreditkort?** [kan ja be'talʲa me kre'dit koːʈ?]
I'm sorry, there's a mistake here.	**Jag beklagar, det är ett misstag här.** [ja be'klʲagar, dɛ ær et 'mistag hæːr]

Shopping

Can I help you?	**Kan jag hjälpa dig?** [kan ja 'jɛlʲpa dɛj?]
Do you have ...?	**Har ni ...?** [har ni ...?]
I'm looking for ...	**Jag letar efter ...** [ja 'lʲetar 'ɛftər ...]
I need ...	**Jag behöver ...** [ja be'høvər ...]
I'm just looking.	**Jag tittar bara.** [ja 'titɑr 'bɑːra]
We're just looking.	**Vi tittar bara.** [vi 'titar 'bɑːra]
I'll come back later.	**Jag kommer tillbaka senare.** [ja 'komər tilʲ'baka 'senərə]
We'll come back later.	**Vi kommer tillbaka senare.** [vi 'komer tilʲ'baka 'senərə]
discounts | sale	**rabatt I rea** [ra'bat | 're:a]
Would you please show me ...	**Skulle du kunna visa mig ...** ['skɵlʲe dɵ: 'kuna 'viːsa mɛj ...]
Would you please give me ...	**Skulle du kunna ge mig ...** ['skɵlʲe dɵ: 'kuna je mɛj ...]
Can I try it on?	**Kan jag prova?** [kan ja 'pru:va?]
Excuse me, where's the fitting room?	**Ursäkta mig, var finns provrummen?** [ɵ:'ʂɛkta mɛj, var fins 'pruv͵rumən?]
Which color would you like?	**Vilken färg vill du ha?** ['vilʲkən 'fæːrj vilʲ dɵ: ha?]
size | length	**storlek I längd** ['storlʲek | lʲɛŋd]
How does it fit?	**Hur sitter den?** [hɵ: 'sitər den?]
How much is it?	**Hur mycket kostar det?** [hɵ: 'mʏke 'kostar dɛ?]
That's too expensive.	**Det är för dyrt.** [de: ær før dy:t]
I'll take it.	**Jag tar den (det, dem).** [ja tar den (dɛ, dem)]
Excuse me, where do I pay?	**Ursäkta mig, var betalar man?** [ɵ:'ʂɛkta mɛj, var be'talʲar man?]

Will you pay in cash or credit card?

Betalar du kontant eller med kreditkort?
[be'talˌar duː: kon'tant elˌe me kre'dit koːʈ?]

In cash | with credit card

Kontant I med kreditkort
[kon'tant | me kre'dit koːʈ]

Do you want the receipt?

Vill du ha kvittot?
[vilˌ duː: haː: 'kvitot?]

Yes, please.

Ja, tack.
[ja, tak]

No, it's OK.

Nej, det behövs inte.
[nɛj, dɛ bɛhøvs 'inte]

Thank you. Have a nice day!

Tack. Ha en bra dag!
[tak. ha en braː: dag!]

In town

Excuse me, please.

Ursäkta mig.
[ʉ:'ʂɛkta mɛj]

I'm looking for ...

Jag letar efter ...
[ja 'lʲetar 'ɛftər ...]

the subway

tunnelbanan
['tʉnəlʲ 'baːnan]

my hotel

mitt hotell
[mit ho'telʲ]

the movie theater

biografen
[bio'grafən]

a taxi stand

en taxistation
[en 'taksi sta'ʃuːn]

an ATM

en uttagsautomat
[en ʉ:'taːgs auto'mat]

a foreign exchange office

ett växlingskontor
[et 'vɛksliŋs kon'tuːr]

an internet café

ett internetkafé
[et 'internet ka'fe]

... street

... gatan
[... 'gatan]

this place

den här platsen
[den hæːr 'plʲatsən]

Do you know where ... is?

Vet du var ... ligger?
[vet dʉ: var ... 'ligər?]

Which street is this?

Vilken gata är det här?
['vilʲkən gata ær dɛ hæːr?]

Show me where we are right now.

Kan du visa mig var vi är nu.
[kan dʉ: 'viːsa mɛj var vi ær nʉ:]

Can I get there on foot?

Kan jag ta mig dit till fots?
[kan ja ta mɛj dit tilʲ 'fots?]

Do you have a map of the city?

Har ni en karta över stan?
[har ni en 'kaːʈa ø:ver stan?]

How much is a ticket to get in?

Hur mycket kostar inträdet?
[hʉ: 'mʏke 'kostar intrɛdet?]

Can I take pictures here?

Får jag fotografera här?
[for ja fʊtʊgra'fera hæːr?]

Are you open?

Har ni öppet?
[har ni øpet?]

When do you open?	**När öppnar ni?**
	[nɛr øpnar ni?]
When do you close?	**När stänger ni?**
	[nɛr 'stɛŋər ni?]

Money

money	**pengar** ['peŋar]
cash	**kontanter** [kon'tantər]
paper money	**sedlar** ['sedlʲar]
loose change	**småpengar** ['smo:'peŋar]
check | change | tip	**nota I växel I dricks** ['no:ta | 'vɛksəlʲ | driks]
credit card	**kreditkort** [kre'dit ko:t]
wallet	**plånbok** ['plʲo:nbʊk]
to buy	**att köpa** [at 'ɕøpa]
to pay	**att betala** [at be'talʲa]
fine	**böter** ['bøter]
free	**gratis** ['gratis]
Where can I buy ...?	**Var kan jag köpa ...?** [var kan ja 'ɕøpa ...?]
Is the bank open now?	**Är banken öppen nu?** [ɛr 'bankøen 'øpen nʉ:?]
When does it open?	**När öppnar den?** [nɛr øpnar dɛn?]
When does it close?	**När stänger den?** [nɛr 'stɛŋər den?]
How much?	**Hur mycket?** [hʉ: 'mɤke?]
How much is this?	**Hur mycket kostar den här?** [hʉ: 'mɤke 'kʊstar den hæ:r?]
That's too expensive.	**Det är för dyrt.** [de: ær før dy:t]
Excuse me, where do I pay?	**Ursäkta mig, var betalar man?** [ʉ:'sɛkta mɛj, var be'talʲar man?]
Check, please.	**Notan, tack.** ['no:tan, tak]

Can I pay by credit card?

Kan jag betala med kreditkort?
[kan ja be'tal'a me kre'dit ko:ʈ?]

Is there an ATM here?

Finns det en uttagsautomat här?
[fins dɛ en 'ʉtags auto'mat hæ:r?]

I'm looking for an ATM.

Jag letar efter en uttagsautomat.
[ja 'l'etar 'ɛftər en ʉ:'tags auto'mat]

I'm looking for a foreign exchange office.

Jag letar efter ett växlingskontor.
[ja 'l'etar 'ɛftər et 'vɛksliŋs kon'tu:r]

I'd like to change ...

Jag skulle vilja växla ...
[ja 'skʉl'e 'vilja 'vɛksl'a ...]

What is the exchange rate?

Vad är växlingskursen?
[vad ær 'vɛksliŋs 'kʉ:ʂən?]

Do you need my passport?

Behöver du mitt pass?
[be'høvər dʉ: mit pas?]

Time

What time is it?	**Vad är klockan?** [vad ær 'klʲokan?]
When?	**När?** [nɛr?]
At what time?	**Vid vilken tid?** [vid 'vilʲkən tid?]
now | later | after ...	**nu I senare I efter ...** [nʉ: | 'senarɐ | 'ɛftər ...]
one o'clock	**klockan ett** ['klʲokan et]
one fifteen	**kvart över ett** [kvaːʈ 'øːvər et]
one thirty	**halv två** [halʲv tvoː]
one forty-five	**kvart i två** [kvaːʈ i tvoː]
one | two | three	**ett I två I tre** [et | tvoː | tre]
four | five | six	**fyra I fem I sex** ['fyːra | fem | sɛks]
seven | eight | nine	**sju I åtta I nio** [ɧʉ: | 'ota | 'niːo]
ten | eleven | twelve	**tio I elva I tolv** ['tiːo | 'elʲva | tolʲv]
in ...	**om ...** [om ...]
five minutes	**fem minuter** [fem miˈnʉːtər]
ten minutes	**tio minuter** ['tiːo miˈnʉːtər]
fifteen minutes	**femton minuter** ['femton miˈnʉːtər]
twenty minutes	**tjugo minuter** ['ɕʉːgo miˈnʉːter]
half an hour	**en halvtimme** [en 'halʲv'timə]
an hour	**en timme** [en 'time]
in the morning	**på morgonen** [pɔ 'mɔrgonən]
early in the morning	**tidigt på morgonen** ['tidit pɔ 'mɔrgonən]

| this morning | **den här morgonen**
[den hæːr 'mɔrgɔnən] |
| tomorrow morning | **imorgon på morgonen**
[i'mɔrgɔn pɔ 'mɔrgɔnən] |

in the middle of the day	**mitt på dagen** [mit pɔ 'dagən]
in the afternoon	**på eftermiddagen** [pɔ 'ɛftə mid'dagən]
in the evening	**på kvällen** [pɔ 'kvɛlʲen]
tonight	**ikväll** [iːkvɛlʲ]

at night	**på natten** [pɔ 'natən]
yesterday	**i går** [i goːr]
today	**idag** [idaːg]
tomorrow	**imorgon** [i'mɔrgɔn]
the day after tomorrow	**i övermorgon** [i 'øːvə͵mɔrgɔn]

What day is it today?	**Vad är det för dag idag?** [vad ær dɛ før daːg 'idaːg?]
It's …	**Det är …** [deː ær …]
Monday	**måndag** ['mɔndag]
Tuesday	**tisdag** ['tiːsdag]
Wednesday	**onsdag** ['onsdag]

Thursday	**torsdag** ['toːʂdag]
Friday	**fredag** ['freːdag]
Saturday	**lördag** ['lʲøːdag]
Sunday	**söndag** ['sœndag]

Greetings. Introductions

Hello.

Hej
[hɛj]

Pleased to meet you.

Trevligt att träffas.
['trɛvligt at trɛfas]

Me too.

Detsamma.
[de'sama]

I'd like you to meet ...

Jag skulle vilja träffa ...
[ja 'skʉlle 'vilja 'trɛfa ...]

Nice to meet you.

Trevligt att träffas.
['trɛvligt at trɛfas]

How are you?

Hur står det till?
[hʉ: sto: dɛ tilʲ?]

My name is ...

Jag heter ...
[ja 'hetər ...]

His name is ...

Han heter ...
[han 'hetər ...]

Her name is ...

Hon heter ...
[hon 'hetər ...]

What's your name?

Vad heter du?
[vad 'hetər dʉ:?]

What's his name?

Vad heter han?
[vad 'hetər han?]

What's her name?

Vad heter hon?
[vad 'hetər hon?]

What's your last name?

Vad heter du i efternamn?
[vad 'hetər dʉ: i 'ɛftəˌnamn?]

You can call me ...

Du kan kalla mig ...
[dʉ: kan 'kalʲa mɛj ...]

Where are you from?

Varifrån kommer du?
['varifron 'kom. ər dʉ:?]

I'm from ...

Jag kommer från ...
[ja 'komər fron ...]

What do you do for a living?

Vad arbetar du med?
[vad ar'betar dʉ: me:?]

Who is this?

Vem är det här?
[vem ær dɛ hæ:r?]

Who is he?

Vem är han?
[vem ær han?]

Who is she?

Vem är hon?
[vem ær hon?]

Who are they?	**Vilka är de?** ['vilˡka ær dom?]
This is …	**Det här är ...** [deː hæːr ær ...]
my friend (masc.)	**min vän** [min vɛn]
my friend (fem.)	**min väninna** [min vɛ'nina]
my husband	**min man** [min man]
my wife	**min fru** [min frʉː]
my father	**min far** [min faːr]
my mother	**min mor** [min moːr]
my brother	**min bror** [min 'bruːr]
my sister	**min syster** [min 'sʏstər]
my son	**min son** [min soːn]
my daughter	**min dotter** [min 'dotər]
This is our son.	**Det här är vår son.** [deː hæːr ær vor son]
This is our daughter.	**Det här är vår dotter.** [deː hæːr ær vor 'dotər]
These are my children.	**Det här är mina barn.** [deː hæːr ær 'mina baːŋ]
These are our children.	**Det här är våra barn.** [deː hæːr ær 'voːra baːŋ]

Farewells

Good bye!	**På återseende! Hej då!** [pɔ ote:'ʂeəndə! hɛj do:!]
Bye! (inform.)	**Hej då!** [hɛj do:!]
See you tomorrow.	**Vi ses imorgon.** [vi ses i'mɔrgɔn]
See you soon.	**Vi ses snart.** [vi ses sna:t]
See you at seven.	**Vi ses klockan sju.** [vi ses 'klɪokan ʃɵ:]
Have fun!	**Ha det så roligt!** [ha dɛ so 'roligt!]
Talk to you later.	**Vi hörs senare.** [vi hø:ʂ 'senarə]
Have a nice weekend.	**Ha en trevlig helg.** [ha en 'trɛvlig helj]
Good night.	**Godnatt.** [god'nat]
It's time for me to go.	**Det är dags för mig att ge mig av.** [de: ær da:gs før mɛj at je mɛj av]
I have to go.	**Jag behöver ge mig av.** [ja be'høvər je mɛj av]
I will be right back.	**Jag kommer strax tillbaka.** [ja 'komər straks til'baka]
It's late.	**Det är sent.** [de: ær sɛnt]
I have to get up early.	**Jag måste gå upp tidigt.** [ja 'mostə go up 'tidit]
I'm leaving tomorrow.	**Jag ger mig av imorgon.** [ja jer mɛj av i'mɔrgɔn]
We're leaving tomorrow.	**Vi ger oss av imorgon.** [vi je:r os av i'mɔrgɔn]
Have a nice trip!	**Trevlig resa!** ['trɛvlig 'resa!]
It was nice meeting you.	**Det var trevligt att träffas.** [dɛ var 'trɛvligt at trɛfas]
It was nice talking to you.	**Det var trevligt att prata med dig.** [de: var 'trɛvligt at 'pra:ta me dɛj]
Thanks for everything.	**Tack för allt.** [tak før al't]

I had a very good time.

Jag hade väldigt trevligt.
[ja ˈhadə ˈvɛlˈdigt ˈtrɛvligt]

We had a very good time.

Vi hade väldigt trevligt.
[vi ˈhade ˈvɛlˈdigt ˈtrɛvligt]

It was really great.

Det var verkligen trevligt.
[dɛ var ˈvɛrkligən ˈtrɛvligt]

I'm going to miss you.

Jag kommer att sakna dig.
[ja ˈkomər at ˈsakna dɛj]

We're going to miss you.

Vi kommer att sakna dig.
[vi ˈkomer at ˈsakna dɛj]

Good luck!

Lycka till!
[ˈlʲʏka tilʲ!]

Say hi to ...

Hälsa till ...
[ˈhɛlʲsa tilʲ ...]

Foreign language

I don't understand.	**Jag förstår inte.** [ja føː'ʂtoːr 'intə]
Write it down, please.	**Skulle du kunna skriva ner det.** ['skɵlʲe dɵ: 'kuna 'skriːva ner dɛ]
Do you speak …?	**Talar du …** ['talʲar dɵː …]
I speak a little bit of …	**Jag talar lite …** [ja 'talʲar 'lʲitə …]
English	**engelska** ['ɛŋelʲska]
Turkish	**turkiska** ['tɵrkiska]
Arabic	**arabiska** [a'rabiska]
French	**franska** ['franska]
German	**tyska** ['tʏska]
Italian	**italienska** [ita'ljeːnska]
Spanish	**spanska** ['spanska]
Portuguese	**portugisiska** [po:ʈɵ'giːsiska]
Chinese	**kinesiska** [ɕi'nesiska]
Japanese	**japanska** [ja'paːnska]
Can you repeat that, please.	**Kan du upprepa det, tack.** [kan dɵ: 'uprepa dɛ, tak]
I understand.	**Jag förstår.** [ja føː'ʂtoːr]
I don't understand.	**Jag förstår inte.** [ja føː'ʂtoːr 'intə]
Please speak more slowly.	**Kan du prata långsammare, tack.** [kan dɵ: 'praːta lʲoːŋ'samarə, tak]
Is that correct? (Am I saying it right?)	**Är det rätt?** [ɛr dɛ rɛt?]
What is this? (What does this mean?)	**Vad är det här?** [vad ær dɛ hɛr?]

Apologies

Excuse me, please.

Ursäkta mig.
[ʉ:'sɛkta mɛj]

I'm sorry.

Jag är ledsen.
[ja ær 'lɪesən]

I'm really sorry.

Jag är verkligen ledsen.
[ja ær 'vɛrkligən 'lɪesen]

Sorry, it's my fault.

Jag är ledsen, det är mitt fel.
[ja ær 'lɪesən, dɛ ær mit felɪ]

My mistake.

Det är jag som har gjort ett misstag.
[de: ær ja som har jo:ʈ et 'mistag]

May I ...?

Får jag ... ?
[for ja: ...?]

Do you mind if I ...?

Har du något emot om jag ...?
[har dʉ: 'no:gɔt ɛ'mo:t om ja ...?]

It's OK.

Det är okej.
[de: ær ɔ'kej]

It's all right.

Det är okej.
[de: ær ɔ'kej]

Don't worry about it.

Tänk inte på det.
[tɛnk 'intə pɔ dɛ]

Agreement

Yes.	**Ja** [ja]
Yes, sure.	**Ja, säkert.** [ja, 'sɛ:ket]
OK (Good!)	**Bra!** [bra:!]
Very well.	**Mycket bra.** ['mʏke bra:]
Certainly!	**Ja visst!** [ja vist!]
I agree.	**Jag håller med.** [ja 'holʲer me:]
That's correct.	**Det stämmer.** [de: 'stɛmər]
That's right.	**Det är rätt.** [de: ær rɛt]
You're right.	**Du har rätt.** [dʉ: har rɛt]
I don't mind.	**Jag har inget emot det.** [ja har 'iŋet ɛ'mo:t dɛ]
Absolutely right.	**Det stämmer helt.** [de: 'stɛmər helʲt]
It's possible.	**Det är möjligt.** [de: ær 'møjligt]
That's a good idea.	**Det är en bra idé.** [de: ær en bra: i'de:]
I can't say no.	**Jag kan inte säga nej.** [ja kan 'intə 'sɛja nɛj]
I'd be happy to.	**Det gör jag gärna.** [de: jør ja 'jæ:ɳa]
With pleasure.	**Med nöje.** [me 'nøje]

Refusal. Expressing doubt

No.	**Nej** [nɛj]
Certainly not.	**Verkligen inte.** ['vɛrkligən 'intə]
I don't agree.	**Jag håller inte med.** [ja 'holʲer 'intə me:]
I don't think so.	**Jag tror inte det.** [ja tror 'intə dɛ]
It's not true.	**Det är inte sant.** [de: ær 'intə sant]
You are wrong.	**Du har fel.** [dʉ: har felʲ]
I think you are wrong.	**Jag tycker att du har fel.** [ja 'tʏkər at dʉ: har felʲ]
I'm not sure.	**Jag är inte säker.** [ja ær 'inte 'sɛ:kər]
It's impossible.	**Det är omöjligt.** [de: ær u:'mœjligt]
Nothing of the kind (sort)!	**Absolut inte!** [abso'lʲʉt 'intə!]
The exact opposite.	**Raka motsatsen.** ['ra:ka 'mo:tsatsən]
I'm against it.	**Jag är emot det.** [ja ær ɛ'mo:t dɛ]
I don't care.	**Jag bryr mig inte om det.** [ja bry:r mɛj 'intə om dɛ]
I have no idea.	**Jag har ingen aning.** [ja har 'iŋən 'aniŋ]
I doubt it.	**Jag betvivlar det.** [ja bet'vivlʲar dɛ]
Sorry, I can't.	**Jag är ledsen, det kan jag inte.** [ja ær 'lʲesən, dɛ kan ja 'intə]
Sorry, I don't want to.	**Jag är ledsen, det vill jag inte.** [ja ær 'lʲesən, dɛ vilʲ ja 'intə]
Thank you, but I don't need this.	**Nej, tack.** [nɛj, tak]
It's getting late.	**Det börjar bli sent.** [de: 'børjar bli sɛnt]

I have to get up early.

Jag måste gå upp tidigt.
[ja 'mostə go up 'tidit]

I don't feel well.

Jag mår inte bra.
[ja mor 'intə bra:]

Expressing gratitude

Thank you. | **Tack**
[tak]

Thank you very much. | **Tack så mycket.**
[tak so 'mʏke]

I really appreciate it. | **Jag uppskattar det verkligen.**
[ja 'upskatar dɛ 'vɛrkligən]

I'm really grateful to you. | **Jag är verkligen tacksam mot dig.**
[ja ær 'vɛrkligən 'taksam mot dɛj]

We are really grateful to you. | **Vi är verkligen tacksamma mot dig.**
[vi: ær 'vɛrkligən 'taksama mo:t dɛj]

Thank you for your time. | **Tack för dig stund.**
[tak før dɛj stund]

Thanks for everything. | **Tack för allt.**
[tak før alʰt]

Thank you for ... | **Tack för ...**
[tak før ...]

your help | **din hjälp**
[din jɛlʰp]

a nice time | **en trevlig tid**
[en 'trɛvlig tid]

a wonderful meal | **en fantastisk måltid**
[en fan'tastisk 'molʰtid]

a pleasant evening | **en trevlig kväll**
[en 'trɛvlig kvɛlʰ]

a wonderful day | **en underbar dag**
[en 'undəbar da:g]

an amazing journey | **en fantastisk resa**
[en fan'tastisk 'resa]

Don't mention it. | **Ingen orsak.**
['iŋen 'u:ʂak]

You are welcome. | **Väl bekomme.**
[vɛlʰ be'komə]

Any time. | **Ingen orsak.**
['iŋen 'u:ʂak]

My pleasure. | **Nöjet är helt på min sida.**
['nøjet ær helʰt po min 'si:da]

Forget it. | **Ingen orsak.**
['iŋen 'u:ʂak]

Don't worry about it. | **Tänk inte på det.**
[tɛnk 'intə po dɛ]

Congratulations. Best wishes

Congratulations!	**Gratulationer!** [gratɵlʲaˈfjuːnər!]
Happy birthday!	**Grattis på födelsedagen!** [ˈgratis pɔ ˈfødelʲsə ˈdagen!]
Merry Christmas!	**God Jul!** [god jɵːlʲ!]
Happy New Year!	**Gott Nytt År!** [got nɤt oːr!]
Happy Easter!	**Glad Påsk!** [glʲad ˈposk!]
Happy Hanukkah!	**Glad Chanukka!** [glʲad ˈhanɵka!]
I'd like to propose a toast.	**Jag skulle vilja utbringa en skål.** [ja ˈskɵlʲe ˈvilʲa ɵːtˈbriŋa en skolʲ]
Cheers!	**Skål!** [skolʲ!]
Let's drink to …!	**Låt oss dricka för …!** [lʲot os ˈdrika før …!]
To our success!	**För vår framgång!** [før vor ˈframgoːŋ!]
To your success!	**För dig framgång!** [før dɛj ˈframgoːŋ!]
Good luck!	**Lycka till!** [ˈlʲɤka tilʲ!]
Have a nice day!	**Ha en bra dag!** [ha en braː dag!]
Have a good holiday!	**Ha en bra helg!** [ha en braː helj!]
Have a safe journey!	**Säker resa!** [ˈsɛːkər ˈresa!]
I hope you get better soon!	**Krya på dig!** [ˈkrya pɔ dɛj!]

Socializing

Why are you sad? | **Varför är du ledsen?**
['va:føːr ær dʉ: 'lʲesən?]

Smile! Cheer up! | **Får jag se ett leende? Upp med hakan!**
[for ja se et 'lʲeendə? up me 'haːkan!]

Are you free tonight? | **Är du ledig ikväll?**
[ɛr dʉ: 'lʲeːdig iːkvɛlʲ?]

May I offer you a drink? | **Får jag bjuda på en drink?**
[for ja 'bjʉːda pɔ en drink?]

Would you like to dance? | **Vill du dansa?**
[vilʲ dʉ: 'dansa?]

Let's go to the movies. | **Låt oss gå på bio.**
[lʲot os go pɔ 'biːo]

May I invite you to ...? | **Får jag bjuda dig på ...?**
[for ja 'bjʉːda dɛj pɔ ...?]

a restaurant | **restaurang**
[rɛstɔ'raŋ]

the movies | **bio**
['bio]

the theater | **teater**
[te'aːter]

go for a walk | **gå på en promenad**
['go pɔ en prome'nad]

At what time? | **Vilken tid?**
['vilʲkən tid?]

tonight | **ikväll**
[iːkvɛlʲ]

at six | **vid sex**
[vid 'sɛks]

at seven | **vid sju**
[vid ʃʉː]

at eight | **vid åtta**
[vid 'ota]

at nine | **vid nio**
[vid 'niːo]

Do you like it here? | **Gillar du det här stället?**
['jilʲar dʉ: dɛ hæːr 'stɛlʲet?]

Are you here with someone? | **Är du här med någon?**
[ɛr dʉ: hæːr me 'noːgɔn?]

I'm with my friend. | **Jag är här med min vän /väninna/.**
[ja ær hæːr me min vɛn /vɛ'nina/]

I'm with my friends.

Jag är här med mina vänner.
[ja ær hæːr me 'mina 'vɛnər]

No, I'm alone.

Nej, jag är ensam.
[nɛj, ja ær 'ɛnsam]

Do you have a boyfriend?

Har du pojkvän?
[har dʉ: 'pojkvɛn?]

I have a boyfriend.

Jag har pojkvän.
[ja har 'pojkvɛn]

Do you have a girlfriend?

Har du flickvän?
[har dʉ: 'flikvɛn?]

I have a girlfriend.

Jag har flickvän.
[ja har 'flˈikvɛn]

Can I see you again?

Får jag träffa dig igen?
[for ja 'trɛfa dɛj i'jen?]

Can I call you?

Kan jag ringa dig?
[kan ja 'riŋa dɛj?]

Call me. (Give me a call.)

Ring mig.
['riŋ mɛj]

What's your number?

Vad har du för nummer?
[vad har dʉ: før 'nʉmər?]

I miss you.

Jag saknar dig.
[ja 'saknar dɛj]

You have a beautiful name.

Du har ett vackert namn.
[dʉ: har et 'vakeːʈ namn]

I love you.

Jag älskar dig.
[ja 'ɛlˈskər dɛj]

Will you marry me?

Vill du gifta dig med mig?
[vilˈ dʉ: 'jifta dɛj me mɛj?]

You're kidding!

Du skämtar!
[dʉ: 'ɧɛmtar!]

I'm just kidding.

Jag skämtar bara.
[ja 'ɧɛmtar 'baːra]

Are you serious?

Menar du allvar?
['meːnar dʉ: 'alˈvaːr?]

I'm serious.

Jag menar allvar.
[ja 'meːnar 'alˈvaːr]

Really?!

Verkligen?!
['vɛrkligən?!]

It's unbelievable!

Det är otroligt!
[de: ær uː'troːligt!]

I don't believe you.

Jag tror dig inte.
[ja tror dɛj 'intə]

I can't.

Jag kan inte.
[ja kan 'intə]

I don't know.

Jag vet inte.
[ja vet 'intə]

I don't understand you.

Jag förstår dig inte.
[ja fø:'ṣto:r dɛj 'intə]

Please go away.

Var snäll och gå.
[var snɛlʲ o go:]

Leave me alone!

Lämna mig ifred!
['lʲɛ:mna mɛj ifre:d!]

I can't stand him.

Jag står inte ut med honom.
[ja sto:r 'intə ʉt me 'honom]

You are disgusting!

Du är vedervärdig!
[dʉ: ær 'vedervæːɖig!]

I'll call the police!

Jag ska ringa polisen!
[ja ska 'riŋa po'lʲi:sən!]

Sharing impressions. Emotions

I like it.	**Jag tycker om det.**
	[ja 'tʏkər om dɛ]
Very nice.	**Jättefint.**
	['jɛtefint]
That's great!	**Det är fantastiskt!**
	[deː ær fan'tastiskt!]
It's not bad.	**Det är inte illa.**
	[deː ær 'intə 'ilˌa]

I don't like it.	**Jag gillar det inte.**
	[ja 'jilˌar dɛ 'intəe]
It's not good.	**Det är inte bra.**
	[deː ær 'intə braː]
It's bad.	**Det är illa.**
	[deː ær 'ilˌa]
It's very bad.	**Det är väldigt dåligt.**
	[deː ær 'vɛlˌdigt 'doːligt]
It's disgusting.	**Det är förskräckligt.**
	[deː ær føː'ʂkrɛkligt]

I'm happy.	**Jag är glad.**
	[ja ær glˌad]
I'm content.	**Jag är nöjd.**
	[ja ær 'nøjd]
I'm in love.	**Jag är kär.**
	[ja ær 'kæːr]
I'm calm.	**Jag är lugn.**
	[ja ær 'lˌʉŋn]
I'm bored.	**Jag är uttråkad.**
	[ja ær ʉt'trokad]

I'm tired.	**Jag är trött.**
	[ja ær trøt]
I'm sad.	**Jag är ledsen.**
	[ja ær 'lˌesən]
I'm frightened.	**Jag är rädd.**
	[ja ær rɛd]

I'm angry.	**Jag är arg.**
	[ja ær arj]
I'm worried.	**Jag är orolig.**
	[ja ær u'rulig]
I'm nervous.	**Jag är nervös.**
	[ja ær ner'vøːs]

I'm jealous. (envious)   **Jag är svartsjuk.**
                          [ja ær 'svaːʈɧuːk]

I'm surprised.   **Jag är överraskad.**
                          [ja ær øːvɛ'raskad]

I'm perplexed.   **Jag är förvirrad.**
                          [ja ær før'virad]

Problems. Accidents

I've got a problem.	**Jag har ett problem.** [ja har et prɔ'blʲem]
We've got a problem.	**Vi har ett problem.** [vi har et prɔ'blʲem]
I'm lost.	**Jag är vilse.** [ja ær 'vilʲsə]
I missed the last bus (train).	**Jag missade sista bussen (tåget).** [ja 'misadə 'sista 'busən ('to:get)]
I don't have any money left.	**Jag har inga pengar kvar.** [ja har 'iŋa 'peŋar kva:r]
I've lost my …	**Jag har förlorat …** [ja har fø:[ʲorat …]
Someone stole my …	**Någon har stulit …** ['no:gɔn har 'stu:lit …]
passport	**mitt pass** [mit pas]
wallet	**min plånbok** [min 'plʲo:nbʊk]
papers	**mina handlingar** ['mina 'handliŋar]
ticket	**min biljett** [min bi'lʲet]
money	**mina pengar** ['mina 'peŋar]
handbag	**min handväska** [min 'hand‚vɛska]
camera	**min kamera** [min 'ka:mera]
laptop	**min laptop** [min 'lʲaptop]
tablet computer	**min surfplatta** [min 'sʉrfplʲata]
mobile phone	**min mobiltelefon** [min mo'bilʲ telʲe'fɔn]
Help me!	**Hjälp mig!** ['jɛlʲp mɛj!]
What's happened?	**Vad har hänt?** [vad har hɛnt?]
fire	**brand** [brand]
shooting	**skottlossning** [skot'lʲosniŋ]

murder	**mord** ['moːd]
explosion	**explosion** [ɛksplʲoˈɧuːn]
fight	**slagsmål** ['slʲaks moːlʲ]

Call the police!	**Ring polisen!** ['riŋ poˈliːsən!]
Please hurry up!	**Snälla skynda på!** ['snɛlʲa 'ɧynda poːl]
I'm looking for the police station.	**Jag letar efter polisstationen.** [ja 'lʲetar 'ɛftər poˈlʲis staˈɧuːnən]
I need to make a call.	**Jag behöver ringa ett samtal.** [ja beˈhøvər 'riŋa et 'samtalʲ]
May I use your phone?	**Får jag använda din telefon?** [foːr ja 'anvɛnda din telʲeˈfon?]

I've been …	**Jag har blivit …** [ja har 'blivit …]
mugged	**rånad** ['ronad]
robbed	**bestulen** [beˈstʉːlʲen]
raped	**våldtagen** ['volʲdˌtagən]
attacked (beaten up)	**angripen** ['aŋripən]

Are you all right?	**Är det okej med dig?** [ɛr dɛ ɔ'kej me dɛj?]
Did you see who it was?	**Såg du vem det var?** [sog dʉ: vɛm dɛ va:r?]
Would you be able to recognize the person?	**Skulle du kunna känna igen personen?** ['skʉlʲe dʉ: 'kuna kɛna ijen pɛ:'ʂu:nən?]
Are you sure?	**Är du säker?** [ɛr dʉ: 'sɛ:ker?]

Please calm down.	**Snälla lugna ner dig.** ['snɛlʲa 'lʲʉnʲa ne dɛj]
Take it easy!	**Ta det lugnt!** [ta dɛ lʲʉŋt!]
Don't worry!	**Oroa dig inte!** ['o:roa dɛj 'intə!]
Everything will be fine.	**Allt kommer att bli bra.** [alʲt 'komər at bli bra:]
Everything's all right.	**Allt är okej.** [alʲt ær ɔ'kej]
Come here, please.	**Vill du vara snäll och följa med?** [vilʲ dʉ: 'va:ra snɛlʲ o 'følʲa me:?]

I have some questions for you.

Jag har några frågor till dig.
[ja har 'nogra 'frogor tilⁱ dɛj]

Wait a moment, please.

**Var snäll och vänta
ett ögonblick, tack.**
[var snɛlⁱ o 'vɛnta
et 'ø:gɔnblik, tak]

Do you have any I.D.?

Har du någon legitimation?
[har dɵ: 'no:gɔn lⁱegitima'ɧu:n?]

Thanks. You can leave now.

Tack. Du kan gå nu.
[tak. dɵ: kan go nɵ:]

Hands behind your head!

Händerna bakom huvudet!
['hɛnderna 'bakom 'hɵvɵdet!]

You're under arrest!

Du är anhållen!
[dɵ: ær an'holⁱen!]

Health problems

Please help me.	**Snälla hjälp mig.** ['snɛlʲa jɛlʲp mɛj]
I don't feel well.	**Jag mår inte bra.** [ja mor 'intə bra:]
My husband doesn't feel well.	**Min man mår inte bra.** [min man mor 'intə bra:]
My son …	**Min son …** [min so:n …]
My father …	**min far …** [min fa:r …]
My wife doesn't feel well.	**Min fru mår inte bra.** [min frʉ: mor 'intə bra:]
My daughter …	**Min dotter …** [min 'dotər …]
My mother …	**Min mor …** [min mo:r …]
I've got a …	**Jag har …** [ja har …]
headache	**huvudvärk** ['hʉ:vʉd'væ:rk]
sore throat	**halsont** ['halʲsʊnt]
stomach ache	**värk i magen** [vɛrk i 'ma:gən]
toothache	**tandvärk** ['tand‚vɛrk]
I feel dizzy.	**Jag känner mig yr.** [ja 'ɕɛnər mɛj y:r]
He has a fever.	**Han har feber.** [han har 'febər]
She has a fever.	**Hon har feber.** [hon har 'febər]
I can't breathe.	**Jag kan inte andas.** [ja kan 'intə 'andas]
I'm short of breath.	**Jag har andnöd.** [ja har 'andnød]
I am asthmatic.	**Jag är astmatiker.** [ja ær ast'matiker]
I am diabetic.	**Jag är diabetiker.** [ja ær dia'betikər]

I can't sleep.   **Jag kan inte sova.**
                                        [ja kan 'intə 'soːva]

food poisoning   **matförgiftning**
                                        ['maːtføːˈjiftniŋ]

It hurts here.   **Det gör ont här.**
                                        [deː jør ont hæːr]

Help me!   **Hjälp mig!**
                                        ['jɛlˑp mɛj!]

I am here!   **Jag är här!**
                                        [ja ær 'hæːr!]

We are here!   **Vi är här!**
                                        [viː ær hæːr!]

Get me out of here!   **Ta mig härifrån!**
                                        [ta mɛj 'hɛrifron!]

I need a doctor.   **Jag behöver en läkare.**
                                        [ja beˈhøvər en 'lɭɛːkarə]

I can't move.   **Jag kan inte röra mig.**
                                        [ja kan 'intə 'røːra mɛj]

I can't move my legs.   **Jag kan inte röra mina ben.**
                                        [ja kan 'intə 'røːra 'mina bɛn]

I have a wound.   **Jag har ett sår.**
                                        [ja har et soːr]

Is it serious?   **Är det allvarligt?**
                                        [ɛr dɛ 'alˑvaːrligt?]

My documents are in my pocket.   **Mina dokument är i min ficka.**
                                        ['mina dokʉ'ment ær i min 'fika]

Calm down!   **Lugna ner dig!**
                                        ['lˑʉnˑa neː dɛj!]

May I use your phone?   **Får jag använda din telefon?**
                                        [for ja 'anvɛnda din telˑeˈfɔn?]

Call an ambulance!   **Ring efter en ambulans!**
                                        ['riŋ 'ɛftər en ambʉ'lˑans!]

It's urgent!   **Det är brådskande!**
                                        [deː ær 'brodskandə!]

It's an emergency!   **Det är ett nödfall!**
                                        [deː ær et 'nødfalˑ!]

Please hurry up!   **Snälla, skynda dig!**
                                        ['snɛlˑa, 'ʃʏnda dɛj!]

Would you please call a doctor?   **Vill du vara snäll och ringa en läkare?**
                                        [vilˑ dʉ: 'vaːra snɛlˑ o 'riŋa en 'lɭɛːkarə?]

Where is the hospital?   **Var är sjukhuset?**
                                        [var ær 'ʃʉːkhʉːset?]

How are you feeling?   **Hur mår du?**
                                        [hʉː mor dʉ:?]

Are you all right?   **Är du okej?**
                                        [ɛr dʉ: ɔ'kej?]

What's happened?   **Vad har hänt?**
                                        [vad har hɛnt?]

I feel better now.	**Jag mår bättre nu.** [ja mor 'bɛtrə nʉ:]
It's OK.	**Det är okej.** [de: ær ɔ'kej]
It's all right.	**Det är okej.** [de: ær ɔ'kej]

At the pharmacy

pharmacy (drugstore)

24-hour pharmacy

Where is the closest pharmacy?

Is it open now?

At what time does it open?

At what time does it close?

Is it far?

Can I get there on foot?

Can you show me on the map?

Please give me something for ...

a headache

a cough

a cold

the flu

a fever

a stomach ache

nausea

diarrhea

constipation

pain in the back

apotek
[apʊ'tek]

dygnet runt-öppet apotek
['dynʲet rʉnt-'øpet apʊ'tek]

Var finns närmsta apotek?
[var fins 'nɛrmsta apʊ'tek?]

Är det öppet nu?
[ɛr dɛ 'øpet nʉ:?]

Vilken tid öppnar det?
['vilʲkən tid 'øpnar dɛ?]

Vilken tid stänger det?
['vilʲkən tid 'stɛŋər dɛ?]

Är det långt?
[ɛr dɛ 'lʲo:ŋt?]

Kan jag ta mig dit till fots?
[kan ja ta mɛj dit tilʲ 'fots?]

Kan du visa mig på kartan?
[kan dʉ: 'vi:sa mɛj pɔ 'ka:ʈan?]

Snälla ge mig någonting mot ...
['snɛlʲa je mɛj 'no:gɔntiŋ mot ...]

huvudvärk
['hʉ:vʉd'væ:rk]

hosta
['hosta]

förkylning
[førˈɕylʲniŋ]

influensan
[inflʲʉ'ensan]

feber
['feber]

magont
['ma:gont]

illamående
[ilʲa'moendə]

diarré
[dia're:]

förstoppning
[føː'ʂtopniŋ]

ryggont
['rʲgont]

chest pain	**bröstsmärtor** ['brøst'smɛ:ʈor]
side stitch	**mjälthugg** ['mjelᶦthug]
abdominal pain	**magsmärtor** ['magsmɛ:ʈor]

pill	**piller, tablett** ['pilᶦer, tab'lᶦet]
ointment, cream	**salva** ['salᶦva]
syrup	**drickbar medicin** ['drikbar medi'si:n]
spray	**sprej** [sprɛj]
drops	**droppar** ['dropar]

You need to go to the hospital.	**Du måste åka till sjukhuset.** [dʉ: 'moste 'o:ka tilᶦ 'ŋʉ:khʉset]
health insurance	**sjukförsäkring** ['ŋʉ:kfø:'ʂɛkriŋ]
prescription	**recept** [re'sɛpt]
insect repellant	**insektsmedel** ['insekts'medəlᶦ]
Band Aid	**plåster** ['plᶦostər]

The bare minimum

Excuse me, ...
Ursäkta mig, ...
[ɵː'sɛkta mɛj, ...]

Hello.
Hej
[hɛj]

Thank you.
Tack
[tak]

Good bye.
Hej då
[hɛj doː]

Yes.
Ja
[ja]

No.
Nej
[nɛj]

I don't know.
Jag vet inte.
[ja vet 'intə]

Where? | Where to? | When?
Var? I Vart? I När?
[var? | vaːʈ? | nɛr?]

I need ...
Jag behöver ...
[ja be'høvər ...]

I want ...
Jag vill ...
[ja vilᵊ ...]

Do you have ...?
Har du ...?
[har dɵː ...?]

Is there a ... here?
Finns det ... här?
[fins dɛ ... hæːr?]

May I ...?
Får jag ... ?
[for jaː ...?]

..., please (polite request)
..., tack
[..., tak]

I'm looking for ...
Jag letar efter ...
[ja ᵊletar 'ɛftər ...]

restroom
en toalett
[en tua'lᵊet]

ATM
en uttagsautomat
[en ɵː'taːgs auto'mat]

pharmacy (drugstore)
ett apotek
[et apɵ'tek]

hospital
ett sjukhus
[et 'ɧɵːkhɵs]

police station
en polisstation
[en po'lis sta'ɧuːn]

subway
tunnelbanan
['tɵnəlᵊ 'baːnan]

taxi	**en taxi** [en 'taksi]
train station	**en tågstation** [en 'to:g sta'ʃuːn]

My name is …	**Jag heter ...** [ja 'hetər ...]
What's your name?	**Vad heter du?** [vad 'hetər dʉ:?]
Could you please help me?	**Skulle du kunna hjälpa mig?** ['skʉlˡe dʉ: 'kuna 'jɛlˡpa mɛj?]
I've got a problem.	**Jag har ett problem.** [ja har et prɔ'blˡem]
I don't feel well.	**Jag mår inte bra.** [ja mor 'intə bra:]
Call an ambulance!	**Ring efter en ambulans!** ['riŋ 'ɛftər en ambʉ'lˡans!]
May I make a call?	**Får jag ringa ett samtal?** [for ja 'riŋa et 'saːmtalˡ?]

I'm sorry.	**Jag är ledsen.** [ja ær 'lˡesən]
You're welcome.	**Ingen orsak.** ['iŋen 'uːʂak]

I, me	**Jag, mig** [ja, mɛj]
you (inform.)	**du** [dʉ]
he	**han** [han]
she	**hon** [hon]
they (masc.)	**de:** [de:]
they (fem.)	**de:** [de:]
we	**vi** [vi:]
you (pl)	**ni** [ni]
you (sg, form.)	**du, Ni** [dʉ:, ni:]

ENTRANCE	**INGÅNG** ['iŋoːŋ]
EXIT	**UTGÅNG** ['ʉtgoːŋ]
OUT OF ORDER	**UR FUNKTION** [ʉːr fʉnk'ʃuːn]
CLOSED	**STÄNGT** ['stɛŋt]

OPEN	**ÖPPET** ['øpet]
FOR WOMEN	**FÖR KVINNOR** [før 'kvinor]
FOR MEN	**FÖR MÄN** [før mɛn]

CONCISE
DICTIONARY

This section contains more than 1,500 useful words arranged alphabetically. The dictionary includes a lot of gastronomic terms and will be helpful when ordering food at a restaurant or buying groceries

T&P Books Publishing

DICTIONARY CONTENTS

T&P Books Publishing

time	tid (en)	['tid]
hour	timme (en)	['timə]
half an hour	halvtimme (en)	['halʲvˌtimə]
minute	minut (en)	[mi'nʉːt]
second	sekund (en)	[se'kund]

today (adv)	i dag	[i 'dag]
tomorrow (adv)	i morgon	[i 'mɔrgɔn]
yesterday (adv)	i går	[i 'goːr]

Monday	måndag (en)	['mɔnˌdag]
Tuesday	tisdag (en)	['tisˌdag]
Wednesday	onsdag (en)	['ʊnsˌdag]
Thursday	torsdag (en)	['tʊːʂˌdag]
Friday	fredag (en)	['freˌdag]
Saturday	lördag (en)	['lʲøːdɑg]
Sunday	söndag (en)	['sœnˌdag]

day	dag (en)	['dag]
working day	arbetsdag (en)	['arbetsˌdag]
public holiday	helgdag (en)	['hɛljˌdag]
weekend	helg, veckohelg (en)	[hɛlj], ['vɛkɔˌhɛlj]

week	vecka (en)	['vɛka]
last week (adv)	förra veckan	['fœːra 'vɛkan]
next week (adv)	i nästa vecka	[i 'nɛsta 'vɛka]

sunrise	soluppgång (en)	['sʊlʲ ˌup'gɔŋ]
sunset	solnedgång (en)	['sʊlʲ 'nedˌgɔŋ]

in the morning	på morgonen	[pɔ 'mɔrgɔnən]
in the afternoon	på eftermiddagen	[pɔ 'ɛftəˌmidagən]

in the evening	på kvällen	[pɔ 'kvɛlʲen]
tonight (this evening)	i kväll	[i 'kvɛlʲ]

at night	om natten	[ɔm 'natən]
midnight	midnatt (en)	['midˌnat]

January	januari	['januˌari]
February	februari	[fɛbrʉ'ari]
March	mars	['maːʂ]
April	april	[a'prilʲ]
May	maj	['maj]
June	juni	['juːni]

July	juli	['juːli]
August	augusti	[auˈgusti]
September	september	[sɛpˈtɛmbər]
October	oktober	[ɔkˈtʊbər]
November	november	[nɔˈvɛmbər]
December	december	[deˈsɛmbər]

in spring	på våren	[pɔ ˈvoːrən]
in summer	på sommaren	[pɔ ˈsɔmarən]
in fall	på hösten	[pɔ ˈhøstən]
in winter	på vintern	[pɔ ˈvintərn]

month	månad (en)	[ˈmoːnad]
season (summer, etc.)	årstid (en)	[ˈoːʂˌtid]
year	år (ett)	[ˈoːr]
century	sekel (ett)	[ˈsekəlʲ]

2. Numbers. Numerals

digit, figure	siffra (en)	[ˈsifra]
number	tal (ett)	[ˈtalʲ]
minus sign	minus (ett)	[ˈminus]
plus sign	plus (ett)	[ˈplʉs]
sum, total	summa (en)	[ˈsuma]

first (adj)	första	[ˈfœːʂta]
second (adj)	andra	[ˈandra]
third (adj)	tredje	[ˈtrɛdjə]

0 zero	noll	[ˈnɔlʲ]
1 one	ett	[ɛt]
2 two	två	[ˈtvoː]
3 three	tre	[ˈtreː]
4 four	fyra	[ˈfyra]

5 five	fem	[ˈfem]
6 six	sex	[ˈsɛks]
7 seven	sju	[ˈɧʉː]
8 eight	åtta	[ˈota]
9 nine	nio	[ˈniːʊ]
10 ten	tio	[ˈtiːʊ]

11 eleven	elva	[ˈɛlʲva]
12 twelve	tolv	[ˈtɔlʲv]
13 thirteen	tretton	[ˈtrɛtton]
14 fourteen	fjorton	[ˈfjʊːʈon]
15 fifteen	femton	[ˈfɛmton]

| 16 sixteen | sexton | [ˈsɛkstɔn] |
| 17 seventeen | sjutton | [ˈɧʉːttɔn] |

| 18 eighteen | arton | ['aːʈɔn] |
| 19 nineteen | nitton | ['niːtʈɔn] |

20 twenty	tjugo	['ɕɵgɵ]
30 thirty	trettio	['trɛttiɵ]
40 forty	fyrtio	['fœːʈiɵ]
50 fifty	femtio	['fɛmtiɵ]

60 sixty	sextio	['sɛkstiɵ]
70 seventy	sjuttio	['ɧuttiɵ]
80 eighty	åttio	['ottiɵ]
90 ninety	nittio	['nittiɵ]

100 one hundred	hundra (ett)	['hundra]
200 two hundred	tvåhundra	['tvoː‚hundra]
300 three hundred	trehundra	['tre‚hundra]
400 four hundred	fyrahundra	['fyra‚hundra]
500 five hundred	femhundra	['fem‚hundra]

600 six hundred	sexhundra	['sɛks‚hundra]
700 seven hundred	sjuhundra	['ɧʉː‚hundra]
800 eight hundred	åttahundra	['ota‚hundra]
900 nine hundred	niohundra	['niɵ‚hundra]
1000 one thousand	tusen (ett)	['tʉːsən]

| 10000 ten thousand | tiotusen | ['tiːɵ‚tʉːsən] |
| one hundred thousand | hundratusen | ['hundra‚tʉːsən] |

| million | miljon (en) | [mi'ljɵn] |
| billion | miljard (en) | [mi'lja:d] |

3. Humans. Family

man (adult male)	man (en)	['man]
young man	yngling (en)	['yŋliŋ]
teenager	tonåring (en)	[tɔ'noːriŋ]
woman	kvinna (en)	['kvina]
girl (young woman)	tjej, flicka (en)	[ɕej], ['flika]

age	ålder (en)	['ɔlʲdər]
adult (adj)	vuxen	['vuksən]
middle-aged (adj)	medelålders	['medəlʲ‚ɔldɛʂ]
elderly (adj)	äldre	['ɛlʲdrə]
old (adj)	gammal	['gamalʲ]

old man	gammal man (en)	['gamalʲ ‚man]
old woman	gumma (en)	['guma]
retirement	pension (en)	[pan'ɧʊn]
to retire (from job)	att gå i pension	[at 'goː i pan'ɧʊn]
retiree	pensionär (en)	[panɧʊ'næːr]

mother	mor (en)	['mʊr]
father	far (en)	['far]
son	son (en)	['sɔn]
daughter	dotter (en)	['dotər]
brother	bror (en)	['brʊr]
elder brother	storebror (en)	['stʊrəˌbrʊr]
younger brother	lillebror (en)	['lilʲeˌbrʊr]
sister	syster (en)	['sʏstər]
elder sister	storasyster (en)	['stʊraˌsʏstər]
younger sister	lillasyster (en)	['lilʲaˌsʏstər]
parents	föräldrar (pl)	[før'ɛlʲdrar]
child	barn (ett)	['ba:ɳ]
children	barn (pl)	['ba:ɳ]
stepmother	styvmor (en)	['stʏvˌmʊr]
stepfather	styvfar (en)	['stʏvˌfar]
grandmother	mormor, farmor (en)	['mʊrmʊr], ['farmʊr]
grandfather	morfar, farfar (en)	['mʊrfar], ['farfar]
grandson	barnbarn (ett)	['ba:ɳˌba:ɳ]
granddaughter	barnbarn (ett)	['ba:ɳˌba:ɳ]
grandchildren	barnbarn (pl)	['ba:ɳˌba:ɳ]
uncle	farbror, morbror (en)	['farˌbrʊr], ['mʊrˌbrʊr]
aunt	faster, moster (en)	['fastər], ['mʊstər]
nephew	brorson, systerson (en)	['brʊrˌsɔn], ['sʏstəˌsɔn]
niece	brorsdotter, systerdotter (en)	['brʊ:sˌdotər], ['sʏstəˌdɔtər]
wife	hustru (en)	['hʊstrʉ]
husband	man (en)	['man]
married (masc.)	gift	['jift]
married (fem.)	gift	['jift]
widow	änka (en)	['ɛŋka]
widower	änkling (en)	['ɛŋkliŋ]
name (first name)	namn (ett)	['namn]
surname (last name)	efternamn (ett)	['ɛftəˌnamn]
relative	släkting (en)	['slʲɛktiŋ]
friend (masc.)	vän (en)	['vɛ:n]
friendship	vänskap (en)	['vɛnˌskap]
partner	partner (en)	['pa:ʈnər]
superior (n)	överordnad (en)	['ø:vərˌɔ:ɖnat]
colleague	kollega (en)	[kɔ'lʲe:ga]
neighbors	grannar (pl)	['granar]

4. Human body

| organism (body) | organism (en) | [ɔrga'nism] |
| body | kropp (en) | ['krɔp] |

heart	hjärta (ett)	['jæːʈa]
blood	blod (ett)	['blʲʊd]
brain	hjärna (en)	['jæːɳa]
nerve	nerv (en)	['nɛrv]

bone	ben (ett)	['beːn]
skeleton	skelett (ett)	[ske'lʲet]
spine (backbone)	ryggrad (en)	['rʏgˌrad]
rib	revben (ett)	['revˌbeːn]
skull	skalle (en)	['skalʲe]

muscle	muskel (en)	['muskəlʲ]
lungs	lungor (pl)	['lʉŋʊr]
skin	hud (en)	['hʉːd]

head	huvud (ett)	['hʉːvʉd]
face	ansikte (ett)	['ansiktə]
nose	näsa (en)	['nɛːsa]
forehead	panna (en)	['pana]
cheek	kind (en)	['ɕind]

mouth	mun (en)	['muːn]
tongue	tunga (en)	['tuŋa]
tooth	tand (en)	['tand]
lips	läppar (pl)	['lʲɛpar]
chin	haka (en)	['haka]

ear	öra (ett)	['øːra]
neck	hals (en)	['halʲs]
throat	strupe, hals (en)	['strʉpə], ['halʲs]

eye	öga (ett)	['øːga]
pupil	pupill (en)	[pʉ'pilʲ]
eyebrow	ögonbryn (ett)	['øːgɔnˌbryn]
eyelash	ögonfrans (en)	['øːgɔnˌfrans]

hair	hår (pl)	['hoːr]
hairstyle	frisyr (en)	[fri'syr]
mustache	mustasch (en)	[mʉ'staːʃ]
beard	skägg (ett)	['ʃɛg]
to have (a beard, etc.)	att ha	[at 'ha]
bald (adj)	skallig	['skalig]

hand	hand (en)	['hand]
arm	arm (en)	['arm]
finger	finger (ett)	['fiŋər]
nail	nagel (en)	['nagəlʲ]
palm	handflata (en)	['handˌflʲata]

shoulder	skuldra (en)	['skʉlʲdra]
leg	ben (ett)	['beːn]
foot	fot (en)	['fʊt]

knee	knä (ett)	['knɛ:]
heel	häl (en)	['hɛ:lʲ]
back	rygg (en)	['rʏg]
waist	midja (en)	['midja]
beauty mark	leverfläck (ett)	['lʲevərˌflɛk]
birthmark	födelsemärke (ett)	['fø:dəlʲsəˌmæ:rkə]
(café au lait spot)		

5. Medicine. Diseases. Drugs

health	hälsa, sundhet (en)	['hɛlʲsa], ['sundˌhet]
well (not sick)	frisk	['frisk]
sickness	sjukdom (en)	['ɧʉ:kˌdʊm]
to be sick	att vara sjuk	[at 'vara 'ɧʉ:k]
ill, sick (adj)	sjuk	['ɧʉ:k]
cold (illness)	förkylning (en)	[før'ɕylʲniŋ]
to catch a cold	att bli förkyld	[at bli før'ɕylʲd]
tonsillitis	halsfluss, angina (en)	['halʲsˌflʉs], [aŋ'gina]
pneumonia	lunginflammation (en)	['lʉŋˌinflʲama'ɧʊn]
flu, influenza	influensa (en)	[inflʉ'ɛnsa]
runny nose (coryza)	snuva (en)	['snʉ:va]
cough	hosta (en)	['hʊsta]
to cough (vi)	att hosta	[at 'hʊsta]
to sneeze (vi)	att nysa	[at 'nysa]
stroke	stroke (en),	['stro:k],
	hjärnslag (ett)	['jæ:nˌɧlʲag]
heart attack	infarkt (en)	[in'farkt]
allergy	allergi (en)	[alʲer'gi]
asthma	astma (en)	['astma]
diabetes	diabetes (en)	[dia'betəs]
tumor	tumör (en)	[tʉ'mø:r]
cancer	cancer (en)	['kansər]
alcoholism	alkoholism (en)	[alʲkʊhʊ'lizm]
AIDS	AIDS	['ɛjds]
fever	feber (en)	['febər]
seasickness	sjösjuka (en)	['ɧø:ˌɧʉ:ka]
bruise (hématome)	blåmärke (ett)	['blʲo:ˌmæ:rkə]
bump (lump)	bula (en)	['bʉ:lʲa]
to limp (vi)	att halta	[at 'halʲta]
dislocation	vrickning (en)	['vrikniŋ]
to dislocate (vt)	att förvrida	[at før'vrida]
fracture	brott (ett), fraktur (en)	['brɔt], [frak'tʉ:r]
burn (injury)	brännsår (ett)	['brɛnˌso:r]

injury	skada (en)	['skada]
pain, ache	värk, smärta (en)	['væ:rk], ['smɛʈa]
toothache	tandvärk (en)	['tandˌvæ:rk]

to sweat (perspire)	att svettas	[at 'svɛtas]
deaf (adj)	döv	['dø:v]
mute (adj)	stum	['stu:m]

immunity	immunitet (en)	[imʉni'te:t]
virus	virus (ett)	['vi:rʉs]
microbe	mikrob (en)	[mi'krɔb]
bacterium	bakterie (en)	[bak'teriə]
infection	infektion (en)	[infɛk'ɧʊn]

hospital	sjukhus (ett)	['ɧʉ:kˌhʉs]
cure	kur (en)	['kʉ:r]
to vaccinate (vt)	att vaksinera	[at vaksi'nera]
to be in a coma	att ligga i koma	[at 'liga i 'kɔma]
intensive care	intensivavdelning (en)	[intɛn'sivˌav'dɛlʲniŋ]
symptom	symptom (ett)	[sʏmp'tɔm]
pulse	puls (en)	['pulʲs]

6. Feelings. Emotions. Conversation

I, me	jag	['ja:]
you	du	[dʉ:]
he	han	['han]
she	hon	['hʊn]
it	det, den	[dɛ], [dɛn]

we	vi	['vi]
you (to a group)	ni	['ni]
they	de	[de:]

Hello! (fam.)	Hej!	['hɛj]
Hello! (form.)	Hej! Hallå!	['hɛj], [ha'lʲo:]
Good morning!	God morgon!	[ˌgʊd 'mɔrgɔn]
Good afternoon!	God dag!	[ˌgʊd 'dag]
Good evening!	God kväll!	[ˌgʊd 'kvɛlʲ]

to say hello	att hälsa	[at 'hɛlʲsa]
to greet (vt)	att hälsa	[at 'hɛlʲsa]
How are you? (form.)	Hur står det till?	[hʉr sto: de 'tilʲ]
How are you? (fam.)	Hur är det?	[hʉr ɛr 'de:]
Goodbye! (form.)	Adjö! Hej då!	[a'jø:], [hɛj'do:]
Bye! (fam.)	Hej då!	[hɛj'do:]
Thank you!	Tack!	['tak]

| feelings | känslor (pl) | ['ɕɛnslʲʊr] |
| to be hungry | att vara hungrig | [at 'vara 'huŋrig] |

| to be thirsty | att vara törstig | [at 'vara 'tø:ʂtig] |
| tired (adj) | trött | ['trœt] |

to be worried	att bekymra sig	[at be'çymra sɛj]
to be nervous	att vara nervös	[at 'vara nɛr'vø:s]
hope	hopp (ett)	['hɔp]
to hope (vi, vt)	att hoppas	[at 'hɔpas]

character	karaktär (en)	[karak'tæ:r]
modest (adj)	blygsam	['blʲygsam]
lazy (adj)	lat	['lʲat]
generous (adj)	generös	[ɧene'rø:s]
talented (adj)	talangfull	[ta'lʲaŋˌfulʲ]

honest (adj)	ärlig	['æ:lʲig]
serious (adj)	allvarlig	[alʲ'va:lʲig]
shy, timid (adj)	blyg	['blʲyg]
sincere (adj)	uppriktig	['upˌriktig]
coward	ynkrygg (en)	['yŋkrʏg]

to sleep (vi)	att sova	[at 'sɔva]
dream	dröm (en)	['drø:m]
bed	säng (en)	['sɛŋ]
pillow	kudde (en)	['kudə]

insomnia	sömnlöshet (en)	['sœmnlʲøsˌhet]
to go to bed	att gå till sängs	[at 'gɔ: tilʲ 'sɛŋs]
nightmare	mardröm (en)	['ma:dˌrøm]
alarm clock	väckarklocka (en)	['vɛkarˌklʲɔka]

smile	leende (ett)	['lʲeəndə]
to smile (vi)	att småle	[at 'smo:lʲe]
to laugh (vi)	att skratta	[at 'skrata]

quarrel	gräl (ett)	['grɛ:lʲ]
insult	förolämpning (en)	[førʊ'lʲɛmpniŋ]
resentment	förnärmelse (en)	[fœ:'ŋæ:rməlʲsə]
angry (mad)	arg, vred	[arj], ['vred]

7. Clothing. Personal accessories

clothes	kläder (pl)	['klʲɛ:dər]
coat (overcoat)	rock, kappa (en)	['rɔk], ['kapa]
fur coat	päls (en)	['pɛlʲs]
jacket (e.g., leather ~)	jacka (en)	['jaka]
raincoat (trenchcoat, etc.)	regnrock (en)	['rɛgnˌrɔk]

shirt (button shirt)	skjorta (en)	['ɧu:ʈa]
pants	byxor (pl)	['byksʊr]
suit jacket	kavaj (en)	[ka'vaj]

suit	kostym (en)	[kɔs'tym]
dress (frock)	klänning (en)	['klʲɛniŋ]
skirt	kjol (en)	['ɕøːlʲ]
T-shirt	T-shirt (en)	['tiː.ʃɔːt]
bathrobe	morgonrock (en)	['mɔrgɔn.rɔk]
pajamas	pyjamas (en)	[py'jamas]
workwear	arbetskläder (pl)	['arbets.klʲɛːdər]

underwear	underkläder (pl)	['undə.klʲɛːdər]
socks	sockor (pl)	['sɔkʊr]
bra	behå (en)	[be'hoː]
pantyhose	strumpbyxor (pl)	['strump.byksʊr]
stockings (thigh highs)	strumpor (pl)	['strumpʊr]
bathing suit	baddräkt (en)	['bad.drɛkt]

hat	hatt (en)	['hat]
footwear	skodon (pl)	['skʊdʊn]
boots (e.g., cowboy ~)	stövlar (pl)	['støvlʲar]
heel	klack (en)	['klʲak]
shoestring	skosnöre (ett)	['skʊ.snøːrə]
shoe polish	skokräm (en)	['skʊ.krɛm]

cotton (n)	bomull (en)	['bʊ.mulʲ]
wool (n)	ull (en)	['ulʲ]
fur (n)	päls (en)	['pɛlʲs]

gloves	handskar (pl)	['hanskar]
mittens	vantar (pl)	['vantar]
scarf (muffler)	halsduk (en)	['halʲs.duːk]
glasses (eyeglasses)	glasögon (pl)	['glʲas.øːgɔn]
umbrella	paraply (ett)	[para'plʲy]

| tie (necktie) | slips (en) | ['slips] |
| handkerchief | näsduk (en) | ['nɛs.duk] |

| comb | kam (en) | ['kam] |
| hairbrush | hårborste (en) | ['hoːr.bo.ʂtə] |

buckle	spänne (ett)	['spɛnə]
belt	bälte (ett)	['bɛlʲtə]
purse	damväska (en)	['dam.vɛska]

| collar | krage (en) | ['kragə] |
| pocket | ficka (en) | ['fika] |

| sleeve | ärm (en) | ['æːrm] |
| fly (on trousers) | gylf (en) | ['gylʲf] |

zipper (fastener)	blixtlås (ett)	['blikst.lʲoːs]
button	knapp (en)	['knap]
to get dirty (vi)	att smutsa ned sig	[at 'smutsa ned sɛj]
stain (mark, spot)	fläck (en)	['flʲɛk]

8. City. Urban institutions

store	affär, butik (en)	[a'fæ:r], [bu'tik]
shopping mall	köpcenter (ett)	['çø:p,sɛntɛr]
supermarket	snabbköp (ett)	['snab,çø:p]
shoe store	skoaffär (en)	['skʊ:a,fæ:r]
bookstore	bokhandel (en)	['bʊk,handəlʲ]
drugstore, pharmacy	apotek (ett)	[apʊ'tek]
bakery	bageri (ett)	[bage'ri:]
pastry shop	konditori (ett)	[kɔnditu'ri:]
grocery store	speceriaffär (en)	[spese'ri a'fæ:r]
butcher shop	slaktare butik (en)	['slʲaktarə bu'tik]
produce store	grönsakshandel (en)	['grø:nsaks,handəlʲ]
market	marknad (en)	['marknad]
hair salon	frisersalong (en)	['frisər ʂa,lʲɔŋ]
post office	post (en)	['pɔst]
dry cleaners	kemtvätt (en)	['çemtvæt]
circus	cirkus (en)	['sirkʉs]
zoo	zoo (ett)	['sʊ:]
theater	teater (en)	[te'atər]
movie theater	biograf (en)	[biʊ'graf]
museum	museum (ett)	[mʉ'seum]
library	bibliotek (ett)	[bibliʊ'tek]
mosque	moské (en)	[mʊs'ke:]
synagogue	synagoga (en)	['synaˌɡɔga]
cathedral	katedral (en)	[katɛ'dralʲ]
temple	tempel (ett)	['tɛmpəlʲ]
church	kyrka (en)	['çyrka]
college	institut (ett)	[insti'tʉt]
university	universitet (ett)	[univɛʂi'tet]
school	skola (en)	['skʊlʲa]
hotel	hotell (ett)	[hʊ'tɛlʲ]
bank	bank (en)	['baŋk]
embassy	ambassad (en)	[amba'sad]
travel agency	resebyrå (en)	['resebyˌro:]
subway	tunnelbana (en)	['tunəlʲˌbana]
hospital	sjukhus (ett)	['ɧʉ:kˌhʉs]
gas station	bensinstation (en)	[bɛn'sinˌsta'ɧun]
parking lot	parkeringsplats (en)	[par'keriŋsˌplʲats]
ENTRANCE	INGÅNG	['inˌɡɔŋ]
EXIT	UTGÅNG	['ʉtˌɡɔŋ]
PUSH	TRYCK	['trʏk]
PULL	DRAG	['drag]

| OPEN | **ÖPPET** | ['øpet] |
| CLOSED | **STÄNGT** | ['stɛŋt] |

monument	**monument (ett)**	[mɔnu'mɛnt]
fortress	**fästning (en)**	['fɛstniŋ]
palace	**palats (ett)**	[pa'lʲats]

medieval (adj)	**medeltida**	['medəlʲˌtida]
ancient (adj)	**gammal**	['gamalʲ]
national (adj)	**nationell**	[natʃʊ'nɛlʲ]
famous (monument, etc.)	**berömd**	[be'rœmd]

9. Money. Finances

money	**pengar** (pl)	['pɛŋar]
coin	**mynt (ett)**	['mʏnt]
dollar	**dollar (en)**	['dɔlʲar]
euro	**euro (en)**	['ɛvrɔ]

ATM	**bankomat (en)**	[baŋkʊ'mat]
currency exchange	**växelkontor (ett)**	['vɛksəlʲ kɔn'tʊr]
exchange rate	**kurs (en)**	['kuːʂ]
cash	**kontanter** (pl)	[kɔn'tantər]

How much?	**Hur mycket?**	[hʉr 'mʏkə]
to pay (vi, vt)	**att betala**	[at be'talʲa]
payment	**betalning (en)**	[be'talʲniŋ]
change (give the ~)	**växel (en)**	['vɛksəlʲ]

price	**pris (ett)**	['pris]
discount	**rabatt (en)**	[ra'bat]
cheap (adj)	**billig**	['bilig]
expensive (adj)	**dyr**	['dyr]

bank	**bank (en)**	['baŋk]
account	**konto (ett)**	['kɔntʊ]
credit card	**kreditkort (ett)**	[kre'ditˌkɔːt]
check	**check (en)**	['ɕɛk]
to write a check	**att skriva en check**	[at 'skriva en 'ɕɛk]
checkbook	**checkbok (en)**	['ɕɛkˌbʊk]

debt	**skuld (en)**	['skʉlʲd]
debtor	**gäldenär (en)**	[jɛlʲdɛ'næːr]
to lend (money)	**att låna ut**	[at 'lʲoːna ʉt]
to borrow (vi, vt)	**att låna**	[at 'lʲoːna]

to rent (~ a tuxedo)	**att hyra**	[at 'hyra]
on credit (adv)	**på kredit**	[pɔ kre'dit]
wallet	**plånbok (en)**	['plʲoːnˌbʊk]
safe	**säkerhetsskåp (ett)**	['sɛːkərhetsˌsko:p]

inheritance	arv (ett)	['arv]
fortune (wealth)	förmögenhet (en)	[før'møgən‚het]
tax	skatt (en)	['skat]
fine	bot (en)	['bʊt]
to fine (vt)	att bötfälla	[at 'bøt‚fɛlʲa]
wholesale (adj)	grossist-, engros-	[grɔ'sist-], [ɛn'gro-]
retail (adj)	detalj-	[de'talj-]
to insure (vt)	att försäkra	[at fœ:'ʂɛkra]
insurance	försäkring (en)	[fœ:'ʂɛkriŋ]
capital	kapital (ett)	[kapi'talʲ]
turnover	omsättning (en)	['ɔm‚sætniŋ]
stock (share)	aktie (en)	['aktsiə]
profit	vinst, förtjänst (en)	['vinst], [fœ:'ɕɛ:nst]
profitable (adj)	fördelaktig	[fø:dəlʲ'aktig]
crisis	kris (en)	['kris]
bankruptcy	konkurs (en)	[kɔŋ'ku:ʂ]
to go bankrupt	att göra konkurs	[at 'jø:ra kɔŋ'ku:ʂ]
accountant	bokförare (en)	['bʊk‚fø:rarə]
salary	lön (en)	['lʲø:n]
bonus (money)	bonus, premie (en)	['bʊnus], ['premiə]

10. Transportation

bus	buss (en)	['bus]
streetcar	spårvagn (en)	['spo:r‚vagn]
trolley bus	trådbuss (en)	['tro:d‚bus]
to go by ...	att åka med ...	[at 'o:ka me ...]
to get on (~ the bus)	att stiga på ...	[at 'stiga pɔ ...]
to get off ...	att stiga av ...	[at 'stiga 'av ...]
stop (e.g., bus ~)	hållplats (en)	['ho:lʲ‚plats]
terminus	slutstation (en)	['slʉt‚sta'ʃʊn]
schedule	tidtabell (en)	['tid ta'bɛlʲ]
ticket	biljett (en)	[bi'lʲet]
to be late (for ...)	att komma för sent	[at 'kɔma før 'sɛnt]
taxi, cab	taxi (en)	['taksi]
by taxi	med taxi	[me 'taksi]
taxi stand	taxihållplats (en)	['taksi 'ho:lʲ‚plʲats]
traffic	trafik (en)	[tra'fik]
rush hour	rusningstid (en)	['rusniŋs‚tid]
to park (vi)	att parkera	[at par'kera]
subway	tunnelbana (en)	['tunəlʲ‚bana]

station	station (en)	[sta'ɧʊn]
train	tåg (ett)	['to:g]
train station	tågstation (en)	['to:g͵sta'ɧʊn]
rails	räls, rälsar (pl)	['rɛlʲs], ['rɛlʲsar]
compartment	kupé (en)	[kuˈpeː]
berth	slaf, säng (en)	['slaf], ['sɛŋ]
airplane	flygplan (ett)	['flʲygplʲan]
air ticket	flygbiljett (en)	['flʲyg bi͵lʲet]
airline	flygbolag (ett)	['flʲyg͵bʊlʲag]
airport	flygplats (en)	['flʲyg͵plʲats]
flight (act of flying)	flygning (en)	['flʲygniŋ]
luggage	bagage (ett)	[ba'ga:ʃ]
luggage cart	bagagevagn (en)	[ba'ga:ʃ͵vagn]
ship	skepp (ett)	['ɧɛp]
cruise ship	kryssningfartyg (ett)	['krysniŋ͵fa:'tyg]
yacht	jakt (en)	['jakt]
boat (flat-bottomed ~)	båt (en)	['bo:t]
captain	kapten (en)	[kap'ten]
cabin	hytt (en)	['hʏt]
port (harbor)	hamn (en)	['hamn]
bicycle	cykel (en)	['sykəlʲ]
scooter	scooter (en)	['sku:tər]
motorcycle, bike	motorcykel (en)	['mʊtʊr͵sykəlʲ]
pedal	pedal (en)	[pe'dalʲ]
pump	pump (en)	['pump]
wheel	hjul (ett)	['jɵ:lʲ]
automobile, car	bil (en)	['bilʲ]
ambulance	ambulans (en)	[ambɵ'lʲans]
truck	lastbil (en)	['lʲast͵bilʲ]
used (adj)	begagnad	[be'gagnad]
car crash	bilolycka (en)	['bilʲ ʊ:'lʲyka]
repair	reparation (en)	[repara'ɧʊn]

11. Food. Part 1

meat	kött (ett)	['ɕœt]
chicken	höna (en)	['hø:na]
duck	anka (en)	['aŋka]
pork	fläsk (ett)	['flʲɛsk]
veal	kalvkött (en)	['kalʲv͵ɕœt]
lamb	lammkött (ett)	['lʲam͵ɕœt]
beef	oxkött, nötkött (ett)	['ʊks͵ɕœt], ['nø:t͵ɕœt]
sausage (bologna, pepperoni, etc.)	korv (en)	['kɔrv]

egg	ägg (ett)	['ɛg]
fish	fisk (en)	['fisk]
cheese	ost (en)	['ʊst]
sugar	socker (ett)	['sɔkər]
salt	salt (ett)	['salʲt]

rice	ris (ett)	['ris]
pasta (macaroni)	pasta (en),	['pasta],
	makaroner (pl)	[maka'rʊnər]
butter	smör (ett)	['smœ:r]
vegetable oil	vegetabilisk olja (en)	[vegeta'bilisk 'ɔlja]
bread	bröd (ett)	['brø:d]
chocolate (n)	choklad (en)	[ʃɔk'lʲad]

wine	vin (ett)	['vin]
coffee	kaffe (ett)	['kafə]
milk	mjölk (en)	['mjœlʲk]
juice	juice (en)	['ju:s]
beer	öl (ett)	['ø:lʲ]
tea	te (ett)	['te:]

tomato	tomat (en)	[tʊ'mat]
cucumber	gurka (en)	['gurka]
carrot	morot (en)	['mʊˌrʊt]
potato	potatis (en)	[pʊ'tatis]

onion	lök (en)	['lʲø:k]
garlic	vitlök (en)	['vitˌlʲø:k]

cabbage	kål (en)	['ko:lʲ]
beetroot	rödbeta (en)	['rø:dˌbeta]
eggplant	aubergine (en)	[ɔbɛr'ʒin]
dill	dill (en)	['dilʲ]

lettuce	sallad (en)	['salʲad]
corn (maize)	majs (en)	['majs]

fruit	frukt (en)	['frʉkt]
apple	äpple (ett)	['ɛplʲe]
pear	päron (ett)	['pæ:rɔn]
lemon	citron (en)	[si'trʊn]

orange	apelsin (en)	[apɛlʲ'sin]
strawberry (garden ~)	jordgubbe (en)	['jʊːdˌgubə]

plum	plommon (ett)	['plʲʊmɔn]
raspberry	hallon (ett)	['halʲɔn]
pineapple	ananas (en)	['ananas]
banana	banan (en)	['banan]
watermelon	vattenmelon (en)	['vatənˌme'lʲʉn]
grape	druva (en)	['drʉːva]
melon	melon (en)	[me'lʲʉn]

12. Food. Part 2

cuisine	kök (ett)	['ɕøːk]
recipe	recept (ett)	[re'sɛpt]
food	mat (en)	['mat]
to have breakfast	att äta frukost	[at 'ɛːta 'fruːkɔst]
to have lunch	att äta lunch	[at 'ɛːta ˌlʉnɕ]
to have dinner	att äta kvällsmat	[at 'ɛːta 'kvɛlˈsˌmat]
taste, flavor	smak (en)	['smak]
tasty (adj)	läcker	['lˈɛkər]
cold (adj)	kall	['kalˈ]
hot (adj)	het, varm	['het], ['varm]
sweet (sugary)	söt	['søːt]
salty (adj)	salt	['salˈt]
sandwich (bread)	smörgås (en)	['smœrˌgoːs]
side dish	tillbehör (ett)	['tilˈbeˌhør]
filling (for cake, pie)	fyllning (en)	['fylˈniŋ]
sauce	sås (en)	['soːs]
piece (of cake, pie)	bit (en)	['bit]
diet	diet (en)	[di'et]
vitamin	vitamin (ett)	[vita'min]
calorie	kalori (en)	[kalˈɔ'riː]
vegetarian (n)	vegetarian (en)	[vegetiri'an]
restaurant	restaurang (en)	[rɛstɔ'raŋ]
coffee house	kafé (ett)	[ka'feː]
appetite	aptit (en)	['aptit]
Enjoy your meal!	Smaklig måltid!	['smaklig 'moːlˈtid]
waiter	servitör (en)	[sɛrvi'tøːr]
waitress	servitris (en)	[sɛrvi'tris]
bartender	bartender (en)	['baːˌtɛndər]
menu	meny (en)	[me'ny]
spoon	sked (en)	['ɧed]
knife	kniv (en)	['kniv]
fork	gaffel (en)	['gafəlˈ]
cup (e.g., coffee ~)	kopp (en)	['kop]
plate (dinner ~)	tallrik (en)	['talˈrik]
saucer	tefat (ett)	['teˌfat]
napkin (on table)	servett (en)	[sɛr'vɛt]
toothpick	tandpetare (en)	['tandˌpetarə]
to order (meal)	att beställa	[at be'stɛlˈa]
course, dish	rätt (en)	['ræt]
portion	portion (en)	[pɔːˈ'ɧʊn]

appetizer	förrätt (en)	['fœːræt]
salad	sallad (en)	['salʲad]
soup	soppa (en)	['sɔpa]

dessert	dessert (en)	[dɛ'sɛːr]
jam (whole fruit jam)	sylt (en)	['sylʲt]
ice-cream	glass (en)	['glʲas]

check	nota (en)	['nʊta]
to pay the check	att betala notan	[at be'talʲa 'nʊtan]
tip	dricks (en)	['driks]

13. House. Apartment. Part 1

house	hus (ett)	['hʉs]
country house	fritidshus (ett)	['fritids,hʉs]
villa (seaside ~)	villa (en)	['vilʲa]

floor, story	våning (en)	['voːniŋ]
entrance	ingång (en)	['in,gɔŋ]
wall	mur, vägg (en)	['mʉːr], [vɛg]
roof	tak (ett)	['tak]
chimney	skorsten (en)	['skɔːˌsten]

attic (storage place)	vind, vindsvåning (en)	['vind], ['vinds,voːniŋ]
window	fönster (ett)	['fœnstər]
window ledge	fönsterbleck (ett)	['fœnstər,blʲek]
balcony	balkong (en)	[balʲ'kɔŋ]

stairs (stairway)	trappa (en)	['trapa]
mailbox	brevlåda (en)	['brev,lʲoːda]
garbage can	soptunna (en)	['sʊp,tuna]
elevator	hiss (en)	['his]

electricity	elektricitet (en)	[ɛlʲektrisi'tet]
light bulb	glödlampa (en)	['glʲøːd,lʲampa]
switch	strömbrytare (en)	['strøːm,brytarə]
wall socket	eluttag (ett)	['ɛlʲ,ʉː'tag]
fuse	säkring (en)	['sɛkriŋ]

door	dörr (en)	['dœr]
handle, doorknob	dörrhandtag (ett)	['dœr,hantag]
key	nyckel (en)	['nʏkəlʲ]
doormat	dörrmatta (en)	['dœr,mata]

door lock	dörrlås (ett)	['dœr,lʲoːs]
doorbell	ringklocka (en)	['riŋ,klʲɔka]
knock (at the door)	knackning (en)	['knakniŋ]
to knock (vi)	att knacka	[at 'knaka]
peephole	kikhål, titthål (ett)	['kik,hoːlʲ], ['tit,hoːlʲ]

yard	gård (en)	['goːɖ]
garden	trädgård (en)	['trɛːgoːɖ]
swimming pool	simbassäng (en)	['simbaˌsɛŋ]
gym (home gym)	gym (ett)	['dʒym]
tennis court	tennisbana (en)	['tɛnisˌbana]
garage	garage (ett)	[ga'raʃ]
private property	privategendom (en)	[pri'vat 'ɛgənˌdʊm]
warning sign	varningsskylt (en)	['vaːɳiŋs ˌɧylʲt]
security	säkerhet (en)	['sɛːkərˌhet]
security guard	säkerhetsvakt (en)	['sɛːkərhetsˌvakt]
renovations	renovering (en)	[renʊ'veriŋ]
to renovate (vt)	att renovera	[at renʊ'vera]
to put in order	att bringa ordning	[at 'briŋa 'ɔːɖniŋ]
to paint (~ a wall)	att måla	[at 'moːlʲa]
wallpaper	tapet (en)	[ta'pet]
to varnish (vt)	att lackera	[at lʲa'kera]
pipe	rör (ett)	['røːr]
tools	verktyg (pl)	['vɛrkˌtyg]
basement	källare (en)	['ɕɛlʲarə]
sewerage (system)	avlopp (ett)	['avˌlʲɔp]

14. House. Apartment. Part 2

apartment	lägenhet (en)	['lʲeːgənˌhet]
room	rum (ett)	['ruːm]
bedroom	sovrum (ett)	['sɔvˌrum]
dining room	matsal (en)	['matsalʲ]
living room	vardagsrum (ett)	['vaːɖasˌrum]
study (home office)	arbetsrum (ett)	['arbetsˌrum]
entry room	entréhall (en)	[ɛntreːhalʲ]
bathroom (room with a bath or shower)	badrum (ett)	['badˌruːm]
half bath	toalett (en)	[tʊa'lʲet]
floor	golv (ett)	['gɔlʲv]
ceiling	tak (ett)	['tak]
to dust (vt)	att damma	[at 'dama]
vacuum cleaner	dammsugare (en)	['damˌsɵgarə]
to vacuum (vt)	att dammsuga	[at 'damˌsɵga]
mop	mopp (en)	['mɔp]
dust cloth	trasa (en)	['trasa]
short broom	sopkvast (en)	['sʊpˌkvast]
dustpan	sopskyffel (en)	['sʊpˌɧyfəlʲ]
furniture	möbel (en)	['møːbəlʲ]

table	bord (ett)	['bʊ:d]
chair	stol (en)	['stʊlʲ]
armchair	fåtölj, länstol (en)	[fo:'tœlj], ['lɛnˌstʊlʲ]

bookcase	bokhylla (en)	['bʊkˌhylʲa]
shelf	hylla (en)	['hylʲa]
wardrobe	garderob (en)	[ga:dǝ'rɔ:b]

mirror	spegel (en)	['spegǝlʲ]
carpet	matta (en)	['mata]
fireplace	kamin (en), eldstad (ett)	[ka'min], ['ɛlʲdˌstad]
drapes	gardiner (pl)	[ga:'dinǝr]
table lamp	bordslampa (ǝn)	['bʊ:dsˌlʲampa]
chandelier	ljuskrona (en)	['jʉ:sˌkrʊna]

kitchen	kök (ett)	['ɕø:k]
gas stove (range)	gasspis (en)	['gasˌspis]
electric stove	elektrisk spis (en)	[ɛ'lʲektrisk ˌspis]
microwave oven	mikrovågsugn (en)	['mikrʊvɔgsˌugn]

refrigerator	kylskåp (ett)	['ɕylʲˌsko:p]
freezer	frys (en)	['frys]
dishwasher	diskmaskin (en)	['diskˌma'ɟi:n]
faucet	kran (en)	['kran]

meat grinder	köttkvarn (en)	['ɕœtˌkva:ɳ]
juicer	juicepress (en)	['ju:sˌprɛs]
toaster	brödrost (en)	['brø:dˌrɔst]
mixer	mixer (en)	['miksǝr]

coffee machine	kaffebryggare (en)	['kafǝˌbrʏgarǝ]
kettle	tekittel (en)	['teˌɕitǝlʲ]
teapot	tekanna (en)	['teˌkana]

TV set	teve (en)	['teve]
VCR (video recorder)	video (en)	['videʊ]
iron (e.g., steam ~)	strykjärn (ett)	['strykˌjæ:ɳ]
telephone	telefon (en)	[telʲe'fɔn]

15. Professions. Social status

director	direktör (en)	[dirɛk'tø:r]
superior	överordnad (en)	['ø:vǝrˌɔ:dnat]
president	president (en)	[prɛsi'dɛnt]
assistant	assistent (en)	[asi'stɛnt]
secretary	sekreterare (en)	[sɛkre'terarǝ]

owner, proprietor	ägare (en)	['ɛ:garǝ]
partner	partner (en)	['pa:ʈnǝr]
stockholder	aktieägare (en)	['akʦiǝˌɛ:garǝ]

businessman	**affärsman (en)**	[a'fæ:ş‚man]
millionaire	**miljonär (en)**	[miljʊ'næ:r]
billionaire	**miljardär (en)**	[milja:'dæ:r]

actor	**skådespelare (en)**	['sko:də‚spelʲarə]
architect	**arkitekt (en)**	[arki'tɛkt]
banker	**bankir (en)**	[baŋ'kir]
broker	**mäklare (en)**	['mɛklʲarə]

veterinarian	**veterinär (en)**	[vetəri'næ:r]
doctor	**läkare (en)**	['lʲɛ:karə]
chambermaid	**städerska (en)**	['stɛ:dɛşka]
designer	**designer (en)**	[de'sajnər]
correspondent	**korrespondent (en)**	[kɔrɛspɔn'dɛnt]
delivery man	**bud (en)**	['bʉ:d]

electrician	**elektriker (en)**	[ɛ'lʲektrikər]
musician	**musiker (en)**	['mʉsikər]
babysitter	**barnflicka (en)**	['ba:n‚flika]
hairdresser	**frisör (en)**	[fri'sø:r]
herder, shepherd	**herde (en)**	['hɛ:də]

singer (masc.)	**sångare (en)**	['sɔŋarə]
translator	**översättare (en)**	['ø:və‚sætarə]
writer	**författare (en)**	[før'fatarə]
carpenter	**timmerman (en)**	['timər‚man]
cook	**kock (en)**	['kɔk]

fireman	**brandman (en)**	['brand‚man]
police officer	**polis (en)**	[pʊ'lis]
mailman	**brevbärare (en)**	['brev‚bæ:rarə]
programmer	**programmerare (en)**	[prɔgra'merarə]
salesman (store staff)	**försäljare (en)**	[fœ:'şɛljarə]

worker	**arbetare (en)**	['ar‚betarə]
gardener	**trädgårdsmästare (en)**	['trɛ:go:dş 'mɛstarə]
plumber	**rörmokare (en)**	['rø:r‚mɔkarə]

dentist	**tandläkare (en)**	['tand‚lʲɛ:karə]
flight attendant (fem.)	**flygvärdinna (en)**	['flʲyg‚væ:dina]

dancer (masc.)	**dansör (en)**	[dan'sø:r]
bodyguard	**livvakt (en)**	['li:v‚vakt]

scientist	**vetenskapsman (en)**	['vetənskaps‚man]
schoolteacher	**lärare (en)**	['lʲæ:rarə]

farmer	**lantbrukare, bonde (en)**	['lʲant‚brʉ:karə], ['bʊndə]
surgeon	**kirurg (en)**	[ɕi'rʉrg]
miner	**gruvarbetare (en)**	['grʉ:v‚ar'betarə]
chef (kitchen chef)	**kökschef (en)**	['ɕœks‚ɧef]
driver	**chaufför (en)**	[ɧɔ'fø:r]

16. Sport

kind of sports	idrottsgren (en)	['idrɔts,gren]
soccer	fotboll (en)	['fʊtbɔlʲ]
hockey	ishockey (en)	['is,hɔki]
basketball	basket (en)	['basket]
baseball	baseboll (en)	['bɛjsbɔlʲ]

volleyball	volleyboll (en)	['vɔli,bɔlʲ]
boxing	boxning (en)	['bʊksniŋ]
wrestling	brottning (en)	['brɔtniŋ]
tennis	tennis (en)	['tɛnis]
swimming	simning (en)	['simniŋ]

chess	schack (ett)	['ʃak]
running	löpning (en)	['lʲœpniŋ]
athletics	friidrott (en)	['fri: 'i,drɔt]
figure skating	konståkning (en)	['kɔn,stoːkniŋ]
cycling	cykelsport (en)	['sykəlʲ,spɔːt]

billiards	biljard (en)	[bi'ljaːd]
bodybuilding	kroppsbyggande (ett)	['krɔps,bygandə]
golf	golf (en)	['gɔlʲf]
scuba diving	dykning (en)	['dʏkniŋ]
sailing	segelsport (en)	['segəlʲ,spɔːt]
archery	bågskjutning (ett)	['boːg,fʉːtniŋ]

period, half	halvlek (en)	['halʲv,lʲek]
half-time	halvtid (en)	['halʲv,tid]
tie	oavgjort (ett)	[ʊːav'jʊːt]
to tie (vi)	att spela oavgjort	[at 'spelʲa ʊːav'jʊːt]

treadmill	löpband (ett)	['lʲøːp,band]
player	spelare (en)	['spelʲarə]
substitute	reserv, avbytare (en)	[re'sɛrv], ['av,bytarə]
substitutes bench	reservbänk (en)	[re'sɛrv,bɛŋk]

match	match (en)	['matʃ]
goal	mål (ett)	['moːlʲ]
goalkeeper	målvakt (en)	['moːlʲ,vakt]
goal (score)	mål (ett)	['moːlʲ]

Olympic Games	de olympiska spelen	[de ʊ'limpiska 'spelʲən]
to set a record	att sätta rekord	[at 'sæta re'kɔːd]
final	final (en)	[fi'nalʲ]
champion	mästare (en)	['mɛstarə]
championship	mästerskap (ett)	['mɛstə,skap]

winner	segrare (en)	['sɛg,rarə]
victory	seger (en)	['segər]
to win (vi)	att vinna	[at 'vina]

to lose (not win)	att förlora	[at fœ:'lʉra]
medal	medalj (en)	[me'dalj]

first place	förstaplats (en)	['fœ:ʂta plʲats]
second place	andraplats (en)	['andra‚plʲats]
third place	tredjeplats (en)	['trɛdjə‚plʲats]

stadium	stadion (ett)	['stadiʊn]
fan, supporter	fan (ett)	['fan]
trainer, coach	tränare (en)	['trɛ:narə]
training	träning (en)	['trɛ:niŋ]

17. Foreign languages. Orthography

language	språk (ett)	['spro:k]
to study (vt)	att studera	[at stu'dera]
pronunciation	uttal (ett)	['ʉt‚talʲ]
accent	brytning (en)	['brʏtniŋ]

noun	substantiv (ett)	['substan‚tiv]
adjective	adjektiv (ett)	['adjɛk‚tiv]
verb	verb (ett)	['vɛrb]
adverb	adverb (ett)	[ad'vɛrb]

pronoun	pronomen (ett)	[prʊ'nʊmən]
interjection	interjektion (en)	[intɛrjɛk'ɧʊn]
preposition	preposition (en)	[prepʊsi'ɧʊn]

root	rot (en)	['rʊt]
ending	ändelse (en)	['ɛndəlʲsə]
prefix	prefix (ett)	[prɛ'fiks]
syllable	stavelse (en)	['stavəlʲsə]
suffix	suffix (ett)	[su'fi:ks]

stress mark	betoning (en)	[be'tʊniŋ]
period, dot	punkt (en)	['pʊŋkt]
comma	komma (ett)	['kɔma]
colon	kolon (ett)	[kʊ'lʲɔn]
ellipsis	tre punkter (pl)	[trɛ 'pʊŋktər]

question	fråga (en)	['fro:ga]
question mark	frågetecken (ett)	['fro:gə‚tɛkən]
exclamation point	utropstecken (ett)	['ʉtrʊps‚tɛkən]

in quotation marks	inom anföringstecken	['inɔm ɑn'fœriŋs‚tɛkən]
in parenthesis	inom parentes	['inɔm parɛn'tes]
letter	bokstav (en)	['bʊkstav]
capital letter	stor bokstav (en)	['stʊr 'bʊkstav]
sentence	mening, sats (en)	['meniŋ], ['sats]
group of words	ordkombination (en)	['ʊ:ḓ‚kɔmbina'ɧʊn]

expression	uttryck (ett)	['ʉtˌtrʏk]
subject	subjekt (ett)	[sub'jɛːkt]
predicate	predikat (ett)	[predi'kat]
line	rad (en)	['rad]
paragraph	stycke (ett)	['stʏkə]

synonym	synonym (en)	[synɔ'nym]
antonym	antonym, motsats (en)	[antɔ'nʏm], ['mʉtsats]
exception	undantag (ett)	['undanˌtaːg]
to underline (vt)	att understryka	[at 'undəˌstryka]

rules	regler (pl)	['rɛglʲər]
grammar	grammatik (en)	[grama'tik]
vocabulary	ordförråd (ett)	['ʊːdfœːˌroːd]
phonetics	fonetik (en)	[fɔne'tik]
alphabet	alfabet (ett)	['alʲfabet]

textbook	lärobok (en)	['lʲæːrʊˌbʊk]
dictionary	ordbok (en)	['ʊːdˌbʊk]
phrasebook	parlör (en)	[paː'lʲøːr]

word	ord (ett)	['ʊːd]
meaning	betydelse (en)	[be'tydəlʲsə]
memory	minne (ett)	['minə]

18. The Earth. Geography

the Earth	Jorden	['jʊːdən]
the globe (the Earth)	jordklot (ett)	['jʊːdˌklʲʊt]
planet	planet (en)	[plʲa'net]

geography	geografi (en)	[jeʊgra'fiː]
nature	natur (en)	[na'tʉːr]
map	karta (en)	['kaːʈa]
atlas	atlas (en)	['atlʲas]

in the north	i norr	[i 'nɔr]
in the south	i söder	[i 'søːdər]
in the west	i väst	[i vɛst]
in the east	i öst	[i 'œst]

sea	hav (ett)	['hav]
ocean	ocean (en)	[ʊsə'an]
gulf (bay)	bukt (en)	['bukt]
straits	sund (ett)	['sund]

continent (mainland)	fastland (ett), kontinent (en)	['fastˌlʲand], [kɔnti'nɛnt]
island	ö (en)	['øː]
peninsula	halvö (en)	['halʲvˌøː]

archipelago	**skärgård, arkipelag (en)**	['ɧæːrˌgoːd], [arkipe'lʲag]
harbor	**hamn (en)**	['hamn]
coral reef	**korallrev (ett)**	[ko'ralʲˌrev]
shore	**kust (en)**	['kust]
coast	**kust (en)**	['kust]
flow (flood tide)	**flod (en)**	['flʲʊd]
ebb (ebb tide)	**ebb (en)**	['ɛb]
latitude	**latitud (en)**	[lʲati'tʉːd]
longitude	**longitud (en)**	[lʲɔŋi'tʉːd]
parallel	**breddgrad (en)**	['brɛdˌgrad]
equator	**ekvator (en)**	[ɛ'kvatʊr]
sky	**himmel (en)**	['himəlʲ]
horizon	**horisont (en)**	[hʊri'sɔnt]
atmosphere	**atmosfär (en)**	[atmʊ'sfæːr]
mountain	**berg (ett)**	['bɛrj]
summit, top	**topp (en)**	['tɔp]
cliff	**klippa (en)**	['klipa]
hill	**kulle, backe (en)**	['kulʲə], ['bakə]
volcano	**vulkan (en)**	[vulʲ'kan]
glacier	**glaciär, jökel (en)**	[glʲas'jæːr], ['jøːkəlʲ]
waterfall	**vattenfall (ett)**	['vatənˌfalʲ]
plain	**slätt (en)**	['slʲæt]
river	**älv, flod (en)**	['ɛlʲv], ['flʲʊd]
spring (natural source)	**källa (en)**	['ɕɛlʲa]
bank (of river)	**strand (en)**	['strand]
downstream (adv)	**nedströms**	['nɛdˌstrœms]
upstream (adv)	**motströms**	['mʊtˌstrœms]
lake	**sjö (en)**	['ɧøː]
dam	**damm (en)**	['dam]
canal	**kanal (en)**	[ka'nalʲ]
swamp (marshland)	**myr, mosse (en)**	['myr], ['mʊsə]
ice	**is (en)**	['is]

19. Countries of the world. Part 1

Europe	**Europa**	[eu'rʊpa]
European Union	**Europeiska unionen**	[eurʊ'peiska un'jʊnən]
European (n)	**europé (en)**	[eurʊ'peː]
European (adj)	**europeisk**	[eurʊ'peisk]
Austria	**Österrike**	['œstɛˌrikə]
Great Britain	**Storbritannien**	['stʊrˌbri'taniən]
England	**England**	['ɛŋlʲand]

| Belgium | **Belgien** | ['bɛlʲgiən] |
| Germany | **Tyskland** | ['tʏsklʲand] |

Netherlands	**Nederländerna**	['nedɛːˌlʲɛndɛːŋa]
Holland	**Holland**	['hɔlʲand]
Greece	**Grekland**	['greklʲand]
Denmark	**Danmark**	['daŋmark]
Ireland	**Irland**	['iḻand]

Iceland	**Island**	['islʲand]
Spain	**Spanien**	['spaniən]
Italy	**Italien**	[i'taliən]
Cyprus	**Cypern**	['sypɛːŋ]
Malta	**Malta**	['malʲta]

Norway	**Norge**	['nɔrjə]
Portugal	**Portugal**	['poːʈugalʲ]
Finland	**Finland**	['finlʲand]
France	**Frankrike**	['fraŋkrikə]
Sweden	**Sverige**	['svɛrijə]

Switzerland	**Schweiz**	['ʃvɛjts]
Scotland	**Skottland**	['skɔtlʲand]
Vatican	**Vatikanstaten**	[vati'kanˌstatən]
Liechtenstein	**Liechtenstein**	['lihtənstajn]
Luxembourg	**Luxemburg**	['lɵksəmˌburj]

Monaco	**Monaco**	['mɔnakɔ]
Albania	**Albanien**	[alʲ'baniən]
Bulgaria	**Bulgarien**	[bɵlʲ'gariən]
Hungary	**Ungern**	['uŋɛːŋ]
Latvia	**Lettland**	['lʲetlʲand]

Lithuania	**Litauen**	[li'tauən]
Poland	**Polen**	['pɔlʲen]
Romania	**Rumänien**	[rʉ'mɛːniən]
Serbia	**Serbien**	['sɛrbiən]
Slovakia	**Slovakien**	[slʲo'vakiən]

Croatia	**Kroatien**	[krʊ'atiən]
Czech Republic	**Tjeckien**	['ɕɛkiən]
Estonia	**Estland**	['ɛstlʲand]

| Bosnia and Herzegovina | **Bosnien-Hercegovina** | ['bɔsniən hɛrsəgo'vina] |
| Macedonia (Republic of ~) | **Makedonien** | [make'dʊniən] |

Slovenia	**Slovenien**	[slʲo'veniən]
Montenegro	**Montenegro**	['mɔntəˌnɛgrʊ]
Belarus	**Vitryssland**	['vitˌrʏslʲand]
Moldova, Moldavia	**Moldavien**	[mʊlʲ'daviən]
Russia	**Ryssland**	['rʏslʲand]
Ukraine	**Ukraina**	[u'krajna]

20. Countries of the world. Part 2

Asia	Asien	['asiən]
Vietnam	Vietnam	['vjɛtnam]
India	Indien	['indiən]
Israel	Israel	['israəlʲ]
China	Kina	['ɕina]

Lebanon	Libanon	['libanɔn]
Mongolia	Mongoliet	[mʊngʊ'liet]
Malaysia	Malaysia	[ma'lʲajsia]
Pakistan	Pakistan	['paki͵stan]
Saudi Arabia	Saudiarabien	['saudi a'rabiən]

Thailand	Thailand	['tajlʲand]
Taiwan	Taiwan	[taj'van]
Turkey	Turkiet	[turkiet]
Japan	Japan	['japan]
Afghanistan	Afghanistan	[af'gani͵stan]

Bangladesh	Bangladesh	[banglʲa'dɛʃ]
Indonesia	Indonesien	[indʊ'nesiən]
Jordan	Jordanien	[jʊː'ɖaniən]
Iraq	Irak	[i'rak]
Iran	Iran	[i'ran]

Cambodia	Kambodja	[kam'bɔdja]
Kuwait	Kuwait	[kʉ'vajt]
Laos	Laos	['lʲaɔs]
Myanmar	Myanmar	['mjanmar]
Nepal	Nepal	[ne'palʲ]

United Arab Emirates	Förenade arabrepubliken	[fø'renadə a'rab repub'likən]
Syria	Syrien	['syriən]
Palestine	Palestina	[palʲe'stina]
South Korea	Sydkorea	['syd͵kʉ'rea]
North Korea	Nordkorea	['nʊːɖ kʉ'rea]

United States of America	Amerikas Förenta Stater	[a'mɛrikas fø'rɛnta 'statər]
Canada	Kanada	['kanada]
Mexico	Mexiko	['mɛksikɔ]
Argentina	Argentina	[argɛn'tina]
Brazil	Brasilien	[bra'siliən]

Colombia	Colombia	[kɔ'lʲʊmbia]
Cuba	Kuba	['kʉːba]
Chile	Chile	['ɕiːlʲe]
Venezuela	Venezuela	[venesu'ɛlʲa]
Ecuador	Ecuador	[ɛkva'dʊr]
The Bahamas	Bahamas	[ba'hamas]

Panama	Panama	['panama]
Egypt	Egypten	[e'jyptən]
Morocco	Marocko	[ma'rɔkʊ]
Tunisia	Tunisien	[tʉ'nisiən]

Kenya	Kenya	['kenja]
Libya	Libyen	['libiən]
South Africa	Republiken Sydafrika	[repu'blikən 'syd͵afrika]
Australia	Australien	[au'straliən]
New Zealand	Nya Zeeland	['nya 'seːlʲand]

21. Weather. Natural disasters

weather	väder (ett)	['vɛːdər]
weather forecast	väderprognos (en)	['vɛːdər͵prɔg'nɔːs]
temperature	temperatur (en)	[tɛmpəra'tʉːr]
thermometer	termometer (en)	[tɛrmʊ'metər]
barometer	barometer (en)	[barʊ'metər]

sun	sol (en)	['sʊlʲ]
to shine (vi)	att skina	[at 'ɧina]
sunny (day)	solig	['sʊlig]
to come up (vi)	att gå upp	[at 'goː 'up]
to set (vi)	att gå ner	[at 'goː ͵ner]

rain	regn (ett)	['rɛgn]
it's raining	det regnar	[dɛ 'rɛgnar]
pouring rain	hällande regn (ett)	['hɛlʲandə 'rɛgn]
rain cloud	regnmoln (ett)	['rɛgn͵mɔlʲn]
puddle	pöl, vattenpuss (en)	['pøːlʲ], ['vatən͵pus]
to get wet (in rain)	att bli våt	[at bli 'voːt]

thunderstorm	åskväder (ett)	['ɔsk͵vɛdər]
lightning (~ strike)	blixt (en)	['blikst]
to flash (vi)	att blixtra	[at 'blikstra]
thunder	åska (en)	['ɔska]
it's thundering	det åskar	[dɛ 'ɔskar]
hail	hagel (ett)	['hagəlʲ]
it's hailing	det haglar	[dɛ 'haglʲar]

heat (extreme ~)	hetta (en)	['hɛta]
it's hot	det är hett	[dɛ æːr 'hɛt]
it's warm	det är varmt	[dɛ æːr varmt]
it's cold	det är kallt	[dɛ æːr 'kalʲt]

fog (mist)	dimma (en)	['dima]
foggy	dimmig	['dimig]
cloud	moln (ett), sky (en)	['mɔlʲn], ['ɧy]
cloudy (adj)	molnig	['mɔlʲnig]
humidity	fuktighet (en)	['fuːktig͵het]

snow	snö (en)	['snø:]
it's snowing	det snöar	[dɛ 'snø:ar]
frost (severe ~, freezing cold)	frost (en)	['frɔst]
below zero (adv)	under noll	['undə ˌnɔlʲ]
hoarfrost	rimfrost (en)	['rimˌfrɔst]

bad weather	oväder (ett)	[ʊ:'vɛ:dər]
disaster	katastrof (en)	[kata'strɔf]
flood, inundation	översvämning (en)	['ø:vəˌsvɛmniŋ]
avalanche	lavin (en)	[lʲa'vin]
earthquake	jordskalv (ett)	['jʊ:dˌskalv]

tremor, quake	skalv (ett)	['skalʲv]
epicenter	epicentrum (ett)	[ɛpi'sɛntrum]
eruption	utbrott (ett)	['ʉtˌbrɔt]
lava	lava (en)	['lʲava]

tornado	tornado (en)	[tʊ'ŋadʊ]
twister	tromb (en)	['trɔmb]
hurricane	orkan (en)	[ɔr'kan]
tsunami	tsunami (en)	[tsu'nami]
cyclone	cyklon (en)	[tsʏ'klʲɔn]

22. Animals. Part 1

animal	djur (ett)	['jʉ:r]
predator	rovdjur (ett)	['rʊvˌjʉ:r]

tiger	tiger (en)	['tigər]
lion	lejon (ett)	['lʲejon]
wolf	ulv (en)	['ulʲv]
fox	räv (en)	['rɛ:v]
jaguar	jaguar (en)	[jaguar]

lynx	lodjur (ett), lo (en)	['lʲʊˌjʉ:r], ['lʲʊ]
coyote	koyot, prärievarg (en)	[ko'jʊt], ['præ:rieˌvarj]
jackal	sjakal (en)	[ɧa'kalʲ]
hyena	hyena (en)	[hy'ena]

squirrel	ekorre (en)	['ɛkɔrə]
hedgehog	igelkott (en)	['igəlʲˌkɔt]
rabbit	kanin (en)	[ka'nin]
raccoon	tvättbjörn (en)	['tvætˌbjø:ŋ]

hamster	hamster (en)	['hamstər]
mole	mullvad (en)	['mulʲˌvad]
mouse	mus (en)	['mʉ:s]
rat	råtta (en)	['rɔta]
bat	fladdermus (en)	['flʲadərˌmʉ:s]

beaver	bäver (en)	['bɛːvər]
horse	häst (en)	['hɛst]
deer	hjort (en)	['jʊːt]
camel	kamel (en)	[ka'melʲ]
zebra	sebra (en)	['sebra]

whale	val (en)	['valʲ]
seal	säl (en)	['sɛːlʲ]
walrus	valross (en)	['valʲˌrɔs]
dolphin	delfin (en)	[dɛlʲ'fin]

bear	björn (en)	['bjøːŋ]
monkey	apa (en)	['apa]
elephant	elefant (en)	[ɛlʲe'fant]
rhinoceros	noshörning (en)	['nʊsˌhøːŋiŋ]
giraffe	giraff (en)	[ɦi'raf]

hippopotamus	flodhäst (en)	['flʲʊdˌhɛst]
kangaroo	känguru (en)	['ɕɛŋgurʊ]
cat	katt (en)	['kat]
dog	hund (en)	['hund]

cow	ko (en)	['kɔː]
bull	tjur (en)	['ɕʉːr]
sheep (ewe)	får (ett)	['foːr]
goat	get (en)	['jet]

donkey	åsna (en)	['ɔsna]
pig, hog	svin (ett)	['svin]
hen (chicken)	höna (en)	['høːna]
rooster	tupp (en)	['tup]

duck	anka (en)	['aŋka]
goose	gås (en)	['goːs]
turkey (hen)	kalkonhöna (en)	[kalʲ'kʉnˌhøːna]
sheepdog	vallhund (en)	['valʲˌhund]

23. Animals. Part 2

bird	fågel (en)	['foːɡəlʲ]
pigeon	duva (en)	['dʉːva]
sparrow	sparv (en)	['sparv]
tit (great tit)	talgoxe (en)	['talʲjʊksə]
magpie	skata (en)	['skata]

eagle	örn (en)	['øːŋ]
hawk	hök (en)	['høːk]
falcon	falk (en)	['falʲk]
swan	svan (en)	['svan]
crane	trana (en)	['trana]

stork	stork (en)	['stɔrk]
parrot	papegoja (en)	[pape'gɔja]
peacock	påfågel (en)	['poːˌfoːgəlʲ]
ostrich	struts (en)	['struts]

heron	häger (en)	['hɛːgər]
nightingale	näktergal (en)	['nɛktəˌgalʲ]
swallow	svala (en)	['svalʲa]
woodpecker	hackspett (en)	['hakˌspet]
cuckoo	gök (en)	['jøːk]
owl	uggla (en)	['uglʲa]

penguin	pingvin (en)	[piŋ'vin]
tuna	tonfisk (en)	['tʊnˌfisk]
trout	öring (en)	['øːriŋ]
eel	ål (en)	['oːlʲ]
shark	haj (en)	['haj]
crab	krabba (en)	['kraba]
jellyfish	manet, medusa (en)	[ma'net], [me'dʉsa]
octopus	bläckfisk (en)	['blʲɛkˌfisk]

starfish	sjöstjärna (en)	['ɧøːˌɧæːɳa]
sea urchin	sjöpiggsvin (ett)	['ɧøːˌpigsvin]
seahorse	sjöhäst (en)	['ɧøːˌhɛst]
shrimp	räka (en)	['rɛːka]

snake	orm (en)	['ʊrm]
viper	huggorm (en)	['hʉgˌʊrm]
lizard	ödla (en)	['ødlʲa]
iguana	iguana (en)	[igu'ana]
chameleon	kameleont (en)	[kamelʲe'ɔnt]
scorpion	skorpion (en)	[skɔrpi'ʊn]
turtle	sköldpadda (en)	['ɧœlʲdˌpada]
frog	groda (en)	['grʊda]
crocodile	krokodil (en)	[krɔkɔ'dilʲ]

insect, bug	insekt (en)	['insɛkt]
butterfly	fjäril (en)	['fʲæːrilʲ]
ant	myra (en)	['myra]
fly	fluga (en)	['flʉːga]

mosquito	mygga (en)	['mɤga]
beetle	skalbagge (en)	['skalʲˌbagə]
bee	bi (ett)	['bi]
spider	spindel (en)	['spindəlʲ]

24. Trees. Plants

| tree | träd (ett) | ['trɛːd] |
| birch | björk (en) | ['bjœrk] |

oak	ek (en)	['ɛk]
linden tree	lind (en)	['lind]
aspen	asp (en)	['asp]
maple	lönn (en)	['lʲøn]
spruce	gran (en)	['gran]
pine	tall (en)	['talʲ]
cedar	ceder (en)	['sedər]
poplar	poppel (en)	['popəlʲ]
rowan	rönn (en)	['rœn]
beech	bok (en)	['bʊk]
elm	alm (en)	['alʲm]
ash (tree)	ask (en)	['ask]
chestnut	kastanjeträd (ett)	[ka'stanjə,trɛd]
palm tree	palm (en)	['palʲm]
bush	buske (en)	['buskə]
mushroom	svamp (en)	['svamp]
poisonous mushroom	giftig svamp (en)	['jiftig ,svamp]
cep (Boletus edulis)	stensopp (en)	['sten,sɔp]
russula	kremla (en)	['krɛmlʲa]
fly agaric	flugsvamp (en)	['flʉ:g,svamp]
death cap	lömsk flugsvamp (en)	['lʲømsk 'flʉ:g,svamp]
flower	blomma (en)	['blʲʊma]
bouquet (of flowers)	bukett (en)	[bʉ'kɛt]
rose (flower)	ros (en)	['rʊs]
tulip	tulpan (en)	[tulʲ'pan]
carnation	nejlika (en)	['nɛjlika]
camomile	kamomill (en)	[kamɔ'milʲ]
cactus	kaktus (en)	['kaktus]
lily of the valley	liljekonvalje (en)	['lilje kʊn 'valjə]
snowdrop	snödropp (en)	['snø:,drop]
water lily	näckros (en)	['nɛkrʊs]
greenhouse (tropical ~)	drivhus (ett)	['driv,hʉs]
lawn	gräsplan, gräsmatta (en)	['grɛs,plan], ['grɛs,mata]
flowerbed	blomsterrabatt (en)	['blʲɔmstər,rabat]
plant	växt (en)	['vɛkst]
grass	gräs (ett)	['grɛ:s]
leaf	löv (ett)	['lʲø:v]
petal	kronblad (ett)	['krɔn,blʲad]
stem	stjälk (en)	['ɧɛlʲk]
young plant (shoot)	ung planta (en)	['uŋ 'planta]
cereal crops	spannmål (ett)	['span,mo:lʲ]
wheat	vete (ett)	['vetə]
rye	råg (en)	['ro:g]

oats	havre (en)	['havrə]
millet	hirs (en)	['hyʂ]
barley	korn (ett)	['kuːɳ]
corn	majs (en)	['majs]
rice	ris (ett)	['ris]

25. Various useful words

balance (of situation)	balans (en)	[ba'lʲans]
base (basis)	bas (en)	['bas]
beginning	början (en)	['bœrjan]
category	kategori (en)	[kategɔ'riː]

choice	val (ett)	['valʲ]
coincidence	sammanfall (ett)	['samˌanfalʲ]
comparison	jämförelse (en)	['jɛmˌførəlʲsə]
degree (extent, amount)	grad (en)	['grad]

development	utveckling (en)	['ʉtˌvɛkliŋ]
difference	skillnad (en)	['ɧilʲnad]
effect (e.g., of drugs)	effekt (en)	[ɛ'fɛkt]
effort (exertion)	ansträngning (en)	['anˌstrɛŋniŋ]

element	element (ett)	[ɛlʲe'mɛnt]
example (illustration)	exempel (ett)	[ɛk'sɛmpəlʲ]
fact	faktum (ett)	['faktum]
help	hjälp (en)	['jɛlʲp]

ideal	ideal (ett)	[ide'alʲ]
kind (sort, type)	slag (ett), sort (en)	['slʲag], ['sɔːt]
mistake, error	fel (ett)	['felʲ]
moment	moment (ett)	[mu'mɛnt]

obstacle	hinder (ett)	['hindər]
part (~ of sth)	del (en)	['delʲ]
pause (break)	paus (en)	['paus]
position	position (en)	[pusi'ɧun]

problem	problem (ett)	[prɔ'blʲem]
process	process (en)	[pru'sɛs]
progress	framsteg (ett)	['framˌsteg]
property (quality)	egenskap (en)	['ɛgɛnˌskap]

reaction	reaktion (en)	[reak'ɧun]
risk	risk (en)	['risk]
secret	hemlighet (en)	['hɛmligˌhet]
series	serie (en)	['seriə]
shape (outer form)	form (en)	['fɔrm]
situation	situation (en)	[sitʉa'ɧun]

| solution | lösning (en) | [ˈlʲœsniŋ] |
| standard (adj) | standard- | [ˈstanda:d̪-] |

stop (pause)	uppehåll (ett), vila (en)	[ˈupə'ho:lʲ], [ˈvilʲa]
style	stil (en)	[ˈstilʲ]
system	system (ett)	[sʏˈstem]
table (chart)	tabell (en)	[taˈbɛlʲ]
tempo, rate	tempo (ett)	[ˈtɛmpʊ]

term (word, expression)	term (en)	[ˈtɛrm]
truth (e.g., moment of ~)	sanning (en)	[ˈsaniŋ]
turn (please wait your ~)	tur (en)	[ˈtʉ:r]
urgent (adj)	brådskande	[ˈbrɔˌskandə]

utility (usefulness)	nytta (en)	[ˈnʏta]
variant (alternative)	variant (en)	[variˈant]
way (means, method)	sätt (ett)	[ˈsæt]
zone	zon (en)	[ˈsʊn]

26. Modifiers. Adjectives. Part 1

additional (adj)	ytterligare	[ˈytəˌligarə]
ancient (~ civilization)	forntida, antikens	[ˈfʊ:ṇˌtida], [anˈtikəns]
artificial (adj)	konstgjord	[ˈkɔnstˌjʉ:d̪]
bad (adj)	dålig	[ˈdo:lig]
beautiful (person)	vacker	[ˈvakər]

big (in size)	stor	[ˈstʊr]
bitter (taste)	bitter	[ˈbitər]
blind (sightless)	blind	[ˈblind]
central (adj)	central	[sɛnˈtralʲ]

children's (adj)	barnslig	[ˈba:nʃlig]
clandestine (secret)	hemlig	[ˈhɛmlig]
clean (free from dirt)	ren	[ˈren]
clever (smart)	klok	[ˈklʲʊk]
compatible (adj)	förenlig	[føˈrɛnlig]

contented (satisfied)	nöjd, tillfreds	[ˈnœjd], [ˈtilʲˈfrɛds]
dangerous (adj)	farlig	[ˈfa:lig]
dead (not alive)	död	[ˈdø:d]
dense (fog, smoke)	tät	[ˈtɛt]
difficult (decision)	svår	[ˈsvo:r]

dirty (not clean)	smutsig	[ˈsmutsig]
easy (not difficult)	lätt, enkel	[ˈlʲæt], [ˈɛŋkəlʲ]
empty (glass, room)	tom	[ˈtɔm]
exact (amount)	precis, exakt	[prɛˈsis], [ɛkˈsakt]
excellent (adj)	utmärkt	[ˈʉtˌmæ:rkt]
excessive (adj)	överdriven	[ˈø:vəˌdrivən]

exterior (adj)	yttre	['ytrə]
fast (quick)	snabb	['snab]
fertile (land, soil)	fruktbar	['frʊkt‚bar]
fragile (china, glass)	skör, bräcklig	['fjø:r], ['brɛklig]

free (at no cost)	gratis	['gratis]
fresh (~ water)	söt-, färsk-	['sø:t-], ['fæ:s̺k-]
frozen (food)	fryst	['frʏst]
full (completely filled)	full	['fulʲ]
happy (adj)	lycklig	['lʲyklig]

hard (not soft)	hård	['ho:ɖ]
huge (adj)	enorm	[ɛ'nɔrm]
ill (sick, unwell)	sjuk	['fjʉ:k]
immobile (adj)	orörlig	[ʊ'rø:lʲig]
important (adj)	viktig	['viktig]

interior (adj)	inre	['inrə]
last (e.g., ~ week)	förra	['fœ:ra]
last (final)	sista	['sista]
left (e.g., ~ side)	vänster	['vɛnstər]
legal (legitimate)	laglig	['lʲaglig]

light (in weight)	lätt	['lʲæt]
liquid (fluid)	flytande	['flʲytandə]
long (e.g., ~ hair)	lång	['lʲɔŋ]
loud (voice, etc.)	hög	['hø:g]
low (voice)	låg, lågmäld	['lʲo:g], ['lʲo:gmɛlʲd]

27. Modifiers. Adjectives. Part 2

main (principal)	huvud-	['hʉ:vʊd-]
matt, matte	matt	['mat]
mysterious (adj)	mystisk	['mystisk]
narrow (street, etc.)	smal	['smalʲ]
native (~ country)	hem-, födelse-	['hɛm-], ['fødəlʲsə-]

negative (~ response)	negativ	['nega‚tiv]
new (adj)	ny	['ny]
next (e.g., ~ week)	nästa	['nɛsta]
normal (adj)	normal	[nɔr'malʲ]
not difficult (adj)	lätt	['lʲæt]

obligatory (adj)	obligatorisk	[ɔbliga'tʊrisk]
old (house)	gammal	['gamalʲ]
open (adj)	öppen	['øpən]
opposite (adj)	motsatt	['mʊt‚sat]
ordinary (usual)	vanlig	['vanlig]
original (unusual)	original	[ɔrigi'nalʲ]
personal (adj)	personlig	[pɛ'sʊnlig]

| polite (adj) | hövlig, artig | ['hœvlig], ['aːʈig] |
| poor (not rich) | fattig | ['fatig] |

possible (adj)	möjlig	['mœjlig]
principal (main)	huvud-	['hʉːvʉd-]
probable (adj)	sannolik	[sanʊ'lik]
prolonged (e.g., ~ applause)	långvarig	['lʲɔŋ‚varig]
public (open to all)	offentlig	[ɔ'fɛntlig]

rare (adj)	sällsynt	['sɛlʲsʏnt]
raw (uncooked)	rå	['roː]
right (not left)	höger	['høːgər]
ripe (fruit)	mogen	['mʊgən]

risky (adj)	riskabel	[ris'kabəlʲ]
sad (~ look)	trist	['trist]
second hand (adj)	begagnad, secondhand	['be‚gagnad], ['sekond‚hɛnd]
shallow (water)	grund	['grʉnd]
sharp (blade, etc.)	skarp	['skarp]

short (in length)	kort	['kɔːt]
similar (adj)	lik	['lik]
small (in size)	liten, små	['litən], ['smoː]
smooth (surface)	glatt	['glʲat]
soft (~ toys)	mjuk	['mjʉːk]

solid (~ wall)	solid, hållbar	[sʊ'lid], ['hoːlʲ‚bar]
sour (flavor, taste)	syr	['syr]
spacious (house, etc.)	rymlig	['rʏmlig]
special (adj)	speciell	[spesi'ɛlʲ]

straight (line, road)	rak, rakt	['rak], ['rakt]
strong (person)	stark	['stark]
stupid (foolish)	dum	['dum]
superb, perfect (adj)	utmärkt	['ʉt‚mæːrkt]

sweet (sugary)	söt	['søːt]
tan (adj)	solbränd	['sʊlʲ‚brɛnd]
tasty (delicious)	läcker	['lʲɛkər]
unclear (adj)	oklar	[ʊ'klʲar]

28. Verbs. Part 1

to accuse (vt)	att anklaga	[at 'aŋ‚klʲaga]
to agree (say yes)	att samtycka	[at 'sam‚tʏka]
to announce (vt)	att meddela	[at 'me‚delʲa]
to answer (vi, vt)	att svara	[at 'svara]
to apologize (vi)	att ursäkta sig	[at 'ʉːˌʂɛkta sɛj]

to arrive (vi)	**att ankomma**	[at 'aŋˌkɔma]
to ask (~ oneself)	**att fråga**	[at 'froːga]
to be absent	**att vara frånvarande**	[at 'vara 'froːnˌvarandə]
to be afraid	**att frukta**	[at 'frʉkta]
to be born	**att födas**	[at 'føːdas]
to be in a hurry	**att skynda sig**	[at 'ʃʏnda sɛj]
to beat (to hit)	**att slå**	[at 'slʲoː]
to begin (vt)	**att begynna**	[at be'jina]
to believe (in God)	**att tro**	[at 'trʊ]
to belong to ...	**att tillhöra ...**	[at 'tilʲˌhøːra ...]
to break (split into pieces)	**att bryta**	[at 'bryta]
to build (vt)	**att bygga**	[at 'bʏga]
to buy (purchase)	**att köpa**	[at 'ɕøːpa]
can (v aux)	**att kunna**	[at 'kuna]
can (v aux)	**att kunna**	[at 'kuna]
to cancel (call off)	**att inställa, att annullera**	[at in'stɛlʲa], [at anʉ'lʲera]
to catch (vt)	**att fånga**	[at 'fɔŋa]
to change (vt)	**att ändra**	[at 'ɛndra]
to check (to examine)	**att checka**	[at 'ɕɛka]
to choose (select)	**att välja**	[at 'vɛlja]
to clean up (tidy)	**att städa**	[at 'stɛda]
to close (vt)	**att stänga**	[at 'stɛŋa]
to compare (vt)	**att jämföra**	[at 'jɛmˌføra]
to complain (vi, vt)	**att klaga**	[at 'klʲaga]
to confirm (vt)	**att bekräfta**	[at be'krɛfta]
to congratulate (vt)	**att gratulera**	[at gratʉ'lʲera]
to cook (dinner)	**att laga**	[at 'lʲaga]
to copy (vt)	**att kopiera**	[at kɔ'pjera]
to cost (vt)	**att kosta**	[at 'kɔsta]
to count (add up)	**att räkna**	[at 'rɛkna]
to count on ...	**att räkna med ...**	[at 'rɛkna me ...]
to create (vt)	**att skapa**	[at 'skapa]
to cry (weep)	**att gråta**	[at 'groːta]
to dance (vi, vt)	**att dansa**	[at 'dansa]
to deceive (vi, vt)	**att fuska**	[at 'fʉska]
to decide (~ to do sth)	**att besluta**	[at be'slʉːta]
to delete (vt)	**att ta bort, att radera**	[at ta 'bɔːt], [at ra'dera]
to demand (request firmly)	**att kräva**	[at 'krɛːva]
to deny (vt)	**att förneka**	[at fœ:'ŋeka]
to depend on ...	**att bero på ...**	[at be'rʊ pɔ ...]
to despise (vt)	**att förakta**	[at fø'rakta]
to die (vi)	**att dö**	[at 'døː]
to dig (vt)	**att gräva**	[at 'grɛːva]
to disappear (vi)	**att försvinna**	[at fœ:'ʂvina]

| to discuss (vt) | att diskutera | [at disku'tera] |
| to disturb (vt) | att störa | [at 'stø:ra] |

29. Verbs. Part 2

to dive (vi)	att dyka	[at 'dyka]
to divorce (vi)	att skilja sig	[at 'ɧilja sɛj]
to do (vt)	att göra	[at 'jø:ra]
to doubt (have doubts)	att tvivla	[at 'tvivlʲa]
to drink (vi, vt)	att dricka	[at 'drika]

to drop (let fall)	att tappa	[at 'tapa]
to dry (clothes, hair)	att torka	[at 'tɔrka]
to eat (vi, vt)	att äta	[at 'ɛ:ta]
to end (~ a relationship)	att avbryta	[at 'av‚bryta]
to excuse (forgive)	att ursäkta	[at 'ʉ:‚sɛkta]

to exist (vi)	att existera	[at ɛksi'stera]
to expect (foresee)	att förutse	[at 'førʉt‚sə]
to explain (vt)	att förklara	[at før'klʲara]
to fall (vi)	att falla	[at 'falʲa]
to fight (street fight, etc.)	att slåss	[at 'slʲɔs]
to find (vt)	att finna	[at 'fina]

to finish (vt)	att sluta	[at 'slʉ:ta]
to fly (vi)	att flyga	[at 'flʲyga]
to forbid (vt)	att förbjuda	[at før'bjʉ:da]
to forget (vi, vt)	att glömma	[at 'glʲœma]
to forgive (vt)	att förlåta	[at 'fœ:‚lʲo:ta]

to get tired	att bli trött	[at bli 'trœt]
to give (vt)	att ge	[at je:]
to go (on foot)	att gå	[at 'go:]
to hate (vt)	att hata	[at 'hata]

to have (vt)	att ha	[at 'ha]
to have breakfast	att äta frukost	[at 'ɛ:ta 'frʉ:kɔst]
to have dinner	att äta kvällsmat	[at 'ɛ:ta 'kvɛlʲs‚mat]
to have lunch	att äta lunch	[at 'ɛ:ta ‚lʉnɕ]

to hear (vt)	att höra	[at 'hø:ra]
to help (vt)	att hjälpa	[at 'jɛlʲpa]
to hide (vt)	att gömma	[at 'jœma]
to hope (vi, vt)	att hoppas	[at 'hɔpas]
to hunt (vi, vt)	att jaga	[at 'jaga]
to hurry (vi)	att skynda sig	[at 'ɧynda sɛj]

to insist (vi, vt)	att insistera	[at insi'stera]
to insult (vt)	att förolämpa	[at 'førʊ‚lʲɛmpa]
to invite (vt)	att inbjuda, att invitera	[at in'bjʉ:da], [at invi'tera]

| to joke (vi) | att skämta, att skoja | [at 'hɛmta], [at 'skɔja] |
| to keep (vt) | att behålla | [at be'hoːlʲa] |

to kill (vt)	att döda, att mörda	[at 'døːda], [at 'møːɖa]
to know (sb)	att känna	[at 'ɕɛna]
to know (sth)	att veta	[at 'veta]
to like (I like …)	att gilla	[at 'jilʲa]
to look at …	att titta	[at 'tita]

to lose (umbrella, etc.)	att mista	[at 'mista]
to love (sb)	att älska	[at 'ɛlʲska]
to make a mistake	att göra fel	[at 'jøːra ˌfelʲ]
to meet (vi, vt)	att mötas	[at 'møːtas]
to miss (school, etc.)	att missa	[at 'misa]

30. Verbs. Part 3

to obey (vi, vt)	att underordna sig	[at 'undərˌɔːɖna sɛj]
to open (vt)	att öppna	[at 'øpna]
to participate (vi)	att delta	[at 'dɛlʲta]
to pay (vi, vt)	att betala	[at be'talʲa]
to permit (vt)	att tillåta	[at 'tilʲoːta]

to play (children)	att leka	[at 'lʲeka]
to pray (vi, vt)	att be	[at 'beː]
to promise (vt)	att lova	[at 'lʲɔva]
to propose (vt)	att föreslå	[at 'førəˌslʲoː]
to prove (vt)	att bevisa	[at be'visa]
to read (vi, vt)	att läsa	[at 'lʲɛːsa]

to receive (vt)	att ta emot	[at ta ɛmoːt]
to rent (sth from sb)	att hyra	[at 'hyra]
to repeat (say again)	att upprepa	[at 'uprepa]
to reserve, to book	att reservera	[at resɛr'vera]
to run (vi)	att löpa, att springa	[at 'lʲøːpa], [at 'spriŋa]

to save (rescue)	att rädda	[at 'rɛda]
to say (~ thank you)	att säga	[at 'sɛːja]
to see (vt)	att se	[at 'seː]
to sell (vt)	att sälja	[at 'sɛlja]
to send (vt)	att skicka	[at 'hika]
to shoot (vi)	att skjuta	[at 'huːta]

to shout (vi)	att skrika	[at 'skrika]
to show (vt)	att visa	[at 'visa]
to sign (document)	att underteckna	[at 'undəˌtɛkna]
to sing (vi)	att sjunga	[at 'huːŋa]
to sit down (vi)	att sätta sig	[at 'sæta sɛj]
to smile (vi)	att småle	[at 'smoːlʲe]
to speak (vi, vt)	att tala	[at 'talʲa]

to steal (money, etc.)	att stjäla	[at 'ʃɛːlʲa]
to stop	att sluta	[at 'slʉːta]
(please ~ calling me)		
to study (vt)	att studera	[at stu'dera]
to swim (vi)	att simma	[at 'sima]
to take (vt)	att ta	[at ta]
to talk to ...	att tala med ...	[at 'talʲa me ...]
to tell (story, joke)	att berätta	[at be'ræta]
to thank (vt)	att tacka	[at 'taka]
to think (vi, vt)	att tänka	[at 'tɛŋka]
to translate (vt)	att översätta	[at 'øːvəˌsæta]
to trust (vt)	att lita på	[at 'lita pɔ]
to try (attempt)	att pröva	[at 'prøːva]
to turn (e.g., ~ left)	att svänga	[at 'svɛŋa]
to turn off	att slå av	[at 'slʲoː 'av]
to turn on	att slå på	[at 'slʲoː pɔ]
to understand (vt)	att förstå	[at fœ'ʂtoː]
to wait (vt)	att vänta	[at 'vɛnta]
to want (wish, desire)	att vilja	[at 'vilja]
to work (vi)	att arbeta	[at 'arˌbeta]
to write (vt)	att skriva	[at 'skriva]

www.ingramcontent.com/pod-product-compliance
Lightning Source LLC
Chambersburg PA
CBHW070115070426
42448CB00039B/2878